以厚積薄發四字篆印一方
贈高等教育出版社

厚積薄發

李嵐清

二〇〇七年初秋

教育部哲学社会科学研究后期资助项目

开放经济下中国通货膨胀研究

Research on China's Inflation in Open Economy

○ 陈菁泉 著

高等教育出版社·北京

图书在版编目（C I P）数据

开放经济下中国通货膨胀研究 / 陈菁泉著. -- 北京 : 高等教育出版社，2019.3
ISBN 978-7-04-046355-2

Ⅰ. ①开… Ⅱ. ①陈… Ⅲ. ①通货膨胀-研究-中国 Ⅳ. ①F822.5

中国版本图书馆CIP数据核字(2016)第198879号

KAIFANG JINGJI XIA ZHONGGUO TONGHUO PENGZHANG YANJIU

策划编辑 丁 扬　责任编辑 杨 莉 丁 扬　封面设计 张 志　版式设计 徐艳妮
插图绘制 尹文军　责任校对 陈 杨　责任印制 耿 轩

出版发行 高等教育出版社
社　　址 北京市西城区德外大街4号
邮政编码 100120
印　　刷 北京市白帆印务有限公司
开　　本 787 mm×1092 mm 1/16
印　　张 10.5
字　　数 170千字
插　　页 2
购书热线 010-58581118
咨询电话 400-810-0598
网　　址 http://www.hep.edu.cn
　　　　 http://www.hep.com.cn
网上订购 http://www.hepmall.com.cn
　　　　 http://www.hepmall.com
　　　　 http://www.hepmall.cn
版　　次 2019年 3月第1版
印　　次 2019年 3月第1次印刷
定　　价 49.00元

物 料 号 46355-00

总　　序

哲学社会科学是探索人类社会和精神世界奥秘、揭示其发展规律的科学，是我们认识世界、改造世界的有力武器。哲学社会科学的发展水平，体现着一个国家和民族的思维能力、精神状态和文明素质，其研究能力和科研成果是综合国力的重要组成部分。没有繁荣发展的哲学社会科学，就没有文化的影响力和凝聚力，就没有真正强大的国家。

党中央高度重视哲学社会科学事业。改革开放以来，特别是党的十六大以来，党中央就繁荣发展哲学社会科学作出了一系列重大决策，党的十七大报告明确提出："繁荣发展哲学社会科学，推进学科体系、学术观点、科研方法创新，鼓励哲学社会科学界为党和人民事业发挥思想库作用，推动我国哲学社会科学优秀成果和优秀人才走向世界。"党中央在新时期对繁荣发展哲学社会科学提出的新任务、新要求，为哲学社会科学的进一步繁荣发展指明了方向，开辟了广阔前景。在全面建设小康社会的关键时期，进一步繁荣发展哲学社会科学，大力提高哲学社会科学研究质量，努力构建以马克思主义为指导，具有中国特色、中国风格、中国气派的哲学社会科学，推动社会主义文化大发展大繁荣，具有十分重大的意义。

高等学校哲学社会科学人才密集，力量雄厚，学科齐全，是我国哲学社会科学事业的主力军。长期以来，广大高校哲学社会科学工作者献身科学，甘于寂寞，刻苦钻研，无私奉献，开拓创新，为推进马克思主义中国化，为服务党和政府的决策，为弘扬优秀传统文化、培育民族精神，为培养社会主义合格建设者和可靠接班人作出了重要贡献。本世纪头20年，是我国经济社会发展的重要战略机遇期，高校哲学社会科学面临着难得的发展机遇。我们要以高度的责任感和使命感、强烈的忧患意识和宽广的世界眼光，深入学习贯彻党的十七大精神，始终坚持马克思主义在哲学社会科学的指导地位，认清形势，明确任务，振奋精神，锐意创新，为全面建设小康社会、构建社会主义和谐社会发挥思想库作用，进一步推进高校哲学社会科学全面协调可持续发展。

哲学社会科学研究是一项光荣而神圣的社会事业，是一种繁重而复杂的创造性劳动。精品源于艰辛，质量在于创新。高质量的学术成果离不开严谨的科学态度，离不开辛勤的劳动，离不开创新。树立严谨而不保守，活跃而不轻浮，锐意创新而不哗众取宠，追求真理而不追名逐利的良好学风，是繁荣发展高校哲学社会科学的重要保障。建设具有中国特色的哲学社会科学，必须营造有利于学者潜心学问、勇于创新的学术氛围，必须树立良好的学风。为此，自 2006 年始，教育部实施了高校哲学社会科学研究后期资助项目计划，旨在鼓励高校教师潜心学术，厚积薄发，勇于理论创新，推出精品力作。原中央政治局常委、国务院副总理李岚清同志欣然为后期资助项目题字“厚积薄发”，并篆刻同名印章一枚，国家图书馆名誉馆长任继愈先生亦为此题字“生也有涯，学无止境”，此举充分体现了他们对繁荣发展高校哲学社会科学事业的高度重视、深切勉励和由衷期望。

展望未来，夺取全面建设小康社会新胜利、谱写人民美好生活新篇章的宏伟目标和崇高使命，呼唤着每一位高校哲学社会科学工作者的热情和智慧。让我们坚持以马克思主义为指导，深入贯彻落实科学发展观，求真务实，与时俱进，以优异成绩开创哲学社会科学繁荣发展的新局面。

教育部社会科学司

目　　录

第一章　开放经济下通货膨胀相关理论与分析框架 ………………………… 1

第一节　开放经济与全球经济发展 ………………………………………… 1
第二节　开放经济下通货膨胀相关理论 …………………………………… 5
第三节　开放经济下通货膨胀理论与传统通货膨胀理论的区别 ………… 10
第四节　小结……………………………………………………………… 12

第二章　全球通货膨胀的形成与国际传导 ………………………………… 15

第一节　全球通货膨胀的演变历程 ………………………………………… 15
第二节　国际货币体系与全球通货膨胀 …………………………………… 16
第三节　国际分工格局与全球通货膨胀 …………………………………… 18
第四节　虚拟经济、国际资本流动与全球通货膨胀 ……………………… 23
第五节　小结……………………………………………………………… 24

第三章　开放经济下中国通货膨胀形成机理 …… 25

第一节　通货膨胀形成的物价因素 …… 26
第二节　开放经济下中国总需求结构演进与通货膨胀 …… 28
第三节　开放经济增长中的供给冲击与通货膨胀 …… 48
第四节　通货膨胀形成的货币因素 …… 56
第五节　通货膨胀形成的预期因素 …… 66
第六节　开放经济下我国通货膨胀成因的计量检验 …… 69
第七节　小结 …… 80

第四章　开放经济下中国通货膨胀传导机制 …… 83

第一节　开放经济下通货膨胀传导的理论分析 …… 83
第二节　开放经济下中国通货膨胀贸易传导 …… 86
第三节　开放经济下中国通货膨胀的货币传导 …… 96
第四节　资产价格对通货膨胀的传导 …… 100
第五节　小结 …… 102

第五章　开放经济下中国通货膨胀治理 …… 103

第一节　我国历次通货膨胀及治理比较 …… 103
第二节　货币政策、汇率制度的矛盾与通货膨胀治理 …… 109
第三节　2007 年以来通货膨胀的货币政策治理及成效评价 …… 111
第四节　小结 …… 117

第六章　通货膨胀发展趋势 …… 119

第一节　短期冲击对通货膨胀趋势的影响 …… 120
第二节　长期趋势对通货膨胀的影响 …… 121
第三节　通货膨胀预期对通货膨胀趋势的影响 …… 122

第四节　小结…………………………………………………………………… 128

第七章　结论与建议 ………………………………………………………… 129

第一节　转变经济增长方式，推进内需型经济增长模式的形成 ……………… 129
第二节　加速资源要素定价改革，促进资源的储备与合理利用 ……………… 132
第三节　改革汇率制度，推进人民币国际化…………………………………… 132
第四节　加强货币政策的国际协调与合作……………………………………… 133
第五节　合理引导通货膨胀预期 ……………………………………………… 134

附表 ………………………………………………………………………… 137

参考文献 …………………………………………………………………… 145

索引 ………………………………………………………………………… 153

后记 ………………………………………………………………………… 155

第一章　开放经济下通货膨胀相关理论与分析框架

本书的理论基础是传统的通货膨胀理论与开放经济下的宏观经济分析理论、货币数量论、预期理论等。开放经济下的通货膨胀分析从三个角度展开。首先，分析开放经济的定义和开放经济对全球经济发展以及通货膨胀的影响。其次，将开放经济下通货膨胀相关的理论纳入开放经济下通货膨胀的宏观经济分析框架进行梳理，包括开放经济下国际贸易与资本流动对通货膨胀水平的影响，开放经济下国际因素与国内因素对通货膨胀的影响。最后，从开放经济与封闭经济的差距研究通货膨胀的异同，从个性角度研究开放经济下的通货膨胀。

第一节　开放经济与全球经济发展

开放经济下通货膨胀表现为通货膨胀在世界范围内的形成与传导，通过一系列渠道传导到某个国家，与该国国内因素结合，形成一国通货膨胀。因此，国际经济学对全球宏观经济的分析范式也就成为开放经济下通货膨胀研究的理论框架。当然，采用开放经济下的宏观经济学分析并不等同于完全放弃传统的通货膨胀理论，而是将传统的通货膨胀理论的共性与之结合，根据全球经济发展的趋势与一国经济发展的实际情况，形成新的理论研究框架。

一、开放经济的定义

开放经济是与封闭经济相对应的一个概念，与封闭经济相比，开放经济突破了一国经济发展的范围，实现了资源与要素的跨国流动。传统意义上的开放经济主要是指国际贸易。现代意义的开放经济早已突破了国际贸易的范围，不仅包括国际贸易，还包括各种资本、劳务、生产要素在全球范围内的流动，开放经济实现了资源与要素在全球范围内的配置。开放经济的特点表明，一国经济对外开放程度越高，其受到的外部冲击也越大。因此，处于开放经济状态下的经济体，其通货膨胀状况不仅受国内因素影响，也受国外因素影响。用来说明开放程度的指标有贸易依存度与金融依存度。

二、开放经济对世界经济发展的影响

全球化是开放经济发展的必然趋势，也是开放经济发展到一个高层次的集中体现，开放经济对世界经济产生了以下三方面的影响。

第一，开放经济加剧了各国间的经济开放与融合。

20 世纪 80 年代以来，随着开放经济的发展，跨国公司的业务范围拓展直接推动了全球化的进程，世界已进入经济全球化这一发展阶段。随着越来越多的国家从封闭经济走向开放经济，跨国公司在全球范围内进行业务发展的可能性越来越大，跨国公司的范围从少数的几个国家发展到几十个甚至上百个国家。跨国公司在全球范围内展开布局，其业务的发展带动了生产资源、人力资源、资本在全球范围内的配置。

在全球化背景下，国际贸易已经成为世界经济增长的重要力量。区域性或国际性组织在国际经济中扮演着重要角色，北美自由贸易区、欧盟、东盟自由贸易区等国际组织在世界经济中的地位日益突出，在国际经济中发挥着日益重要的作用。

第二，开放经济产生了新的国际分工与合作，加剧了全球经济发展的不平衡。

开放经济加剧了产业的再次分工与整合，以美国、英国为首的发达国家选择以金融业为主导产业，将制造业转移到以中国为主的发展中国家，而日本、德国等国则选择以高端制造业为主。这样，全球在新的分工格局下，形成了新的经济发展模式。发展中国家以制造业为主导产业，通过廉价劳动力取得分工优势，以发展外向型经济为导向，不断积累贸易顺差，而美国等发达国家的贸易逆差则不断扩大，这就使得发展中国家获得了大量贸易美元，造成了全球新分工模式下新的失衡。

第三，开放经济加剧了虚拟经济的发展，加速了实体经济与虚拟经济的背离。

经济开放使各国经济联系更加紧密，贸易更加发达。世界分工让发展中国家成为低端的世界加工场，靠廉价出口获得美元，以发展实体经济为主。由于美国等发达国家货币在国际货币体系中处于绝对优势的地位，货币储备以美元为主，使得美国经济发展以金融为主，积累大量财富，源源不断流入发展中国家进行资本套利，从而加剧了实体经济与虚拟经济的不平衡。

（一）虚拟经济与实体经济背离加速经济失衡

第二次世界大战以来，随着美国在战争中的一枝独秀，美元作为国际储备与贸易支付货币的功能得到了加强，布雷顿森林体系的建立，使美元的国际货币霸主地位得到了国际社会的肯定。客观来说，美元的国际地位是由美国的综合国力所决定的，并将在长期的经济发展中不断被强化。但第二次世界大战后美国与世界经济发生了巨大变化，维持美元强势体系的前提条件不断解体，全球经济发展中美元发行量远远超过世界经济发展的需求，美国以金融为主体的虚拟经济迅猛膨胀，其发展速度大大超过了实体经济的增长，实体经济与虚拟经济失衡，成为导致1929年全球经济出现大萧条的本质原因。

第二次世界大战以来，全球经济从战争的阴影中复苏，战后重建成为经济复苏的主要动力。经过20世纪五六十年代战后经济重建的大幅带动，日本、德国等战败国也在重建中获得了高速发展，恢复了战前的强国地位。中国台湾、中国香港、新加坡、韩国“亚洲四小龙”也成为新兴经济体，在美元兑黄金的币值相对稳定的金融环境中，全球经济进入了一个高增长的阶段。这一阶段的主要特点是金融与实体经济的发展存在高度的关联性，虚拟经济的适度发展为实体经济的发展提供了良好的金融环境。然而，美元与黄金固定的兑换比例，使得美元的发行量受全球黄金产量的约束，而黄金产量的增长速度远远跟不上世界贸易量的增长，因此，在经济高速增长的20世纪60年代中期，出现了著名的特里芬难题。一方面，国际贸易结算主要以美元为主，世界经济的高速增长使美元需求量大大增加，超过了美元发行量的增加；另一方面，布雷顿森林体系建立了美元与黄金的兑换比例，使美元的发行受到约束。美元的发行处于进退两难的境地，尽管有机构建议实行单一的世界货币，但因缺乏货币的信用担保而无法实施。为摆脱美元发行难题，在需求不断增加的压力下，1971年，美国时任总统尼克松宣布放弃布雷顿森林体系，使美元自由浮动，以调节全球对美元的需求。固定汇率走向浮动汇率，使汇率对经济调节功能增强，美元的发行难题获得了一定程度的缓解，但导致全球经济出现了持续的长期的失衡，使经济运行的矛盾不断加剧，最终在次贷的影响下，出现了危机的总爆发。

布雷顿森林体系崩溃后，美元的发行失去了约束，美元的发行量迅速增加，导致美元的流向分为两部分，一部分为实体经济服务，另外一部分流入金融等虚拟经济领域，美元的流向发生了巨大的变化。随着美元的增加，流入金融领域的美元持续增加。绝大多数货币已经脱离实体经济的需求独立运行，以实现资本套利为目的。金融资本的流动性增加，使全球经济的不稳定性增加。自布雷顿森林体系崩溃以来，全球先后发生了两次石油危机、美国储贷危机、北欧银行危机、东南亚金融危机和美国次贷危机。如果说，前面的危机仅仅是局部的，是次贷危机的预演，那么这次危机演变为全球性危机则是矛盾经过数十年积累爆发的产物。

布雷顿森林体系的崩溃不仅促进了美元的宽松发行，也促进了美国经济结构调整与全球化。在新的全球化分工体系中，美国等发达国家掌控了金融、高科技等全球经济发展的高端资源及其定价权。其制造业因生产成本及人力资源价格的升高，逐渐转移到发展中国家，这样就形成了发达国家从事高端产业、发展中国家从事低端制造业的国际分工格局。这种分工格局也使发展中国家日益贫困化，而发达国家则积累了越来越多的巨额财富，形成了世界财富分配的失衡。这一分配失衡使大量资本流向发达国家，而发达国家的经济结构决定了吸收这些资本的主要场所是金融市场，加剧了实体经济与虚拟经济进一步失衡，过剩的金融资本促进了金融衍生品的创设与对资本的吸收。

上述种种失衡在金融创新的环境下进一步强化。20 世纪 80 年代以来，全球金融创新成为潮流，新的金融衍生品不断涌现，如垃圾债券、杠杆收购等金融工具成为国际金融市场的主流。金融工具的不断创新打破了原有的银行创造信用的独有功能，大量通过金融衍生品创新形成的信用货币不断增加，并游离于实体经济外，使实体经济与虚拟经济的失衡不断增加。

在全球经济持续增长的背景下，大量游离于实体经济外的资金在全球范围内套利，从资金收益率低的地区向资金收益率高的地区流动，形成全球范围内的金融波动，并通过投资效应（托宾 Q 效应）与消费效应影响实体经济。当资产价格高涨时，财富幻觉使消费者认为实际收入增加，从而增加开支。同时，投资者也认为资产重置价格提高，投资收益增加，从而增加对资产的需求，使虚拟经济与实体经济背离现象更加严重。从财富流动的角度看，实体经济创造财富，虚拟经济进行财富的再分配，而虚拟经济的再分配功能使社会财富越来越集中到少数人手中。

（二）全球化分工加剧生产与消费的失衡

生产与消费是现代经济学中的两个重要概念，也是经济得以良性循环的重要环节。在市场经济条件下，生产为供给的表现形式，是对市场需求的反应，按需生产已成为市场经济条件下人们信奉的圭臬。然而，在全球化的分工状态下，生产与消费出现了明显的失衡。一方面，以美国为首的西方发达国家，利用全球化的机会，将高成本、高污染、高消耗的制造业向发展中国家转移，而自身从事高科技、金融等高端产业；另一方面，发展中国家采取出口导向型政策，吸引外资，从事高耗能、高污染、低附加值的制造业，这样全球经济得以维持运行。以美国为首的西方发达国家，在消费金融的支持下，通过贸易与资本两大消费渠道进行金融创新，以支持过度消费与透支消费。为满足西方过度的需求，发展中国家不断扩大产能，同时，扭曲资源价格，以换取成本优势。然而，这样的世界经济格局是建立在脆弱的基础上的，如果全球经济出现大的波动甚至金融危机，这种虚弱的经济体系的抗风险能力非常薄弱，很容易受到冲击，导致过度消费的行为受到遏制。为满足过度消费而进行的过度生产，也因为外部需求的迅速减少而不得不收缩产能。实际上，发展中国家过分依赖外需发展经济，早就使经济出现了内外失衡，为经济的可持续发展埋下了隐患。布雷顿森林体系崩溃以来，内外经济失衡的经济体均通过经济危机得到了强行纠正，如著名的亚洲"四小龙"以及东南亚金融危机导致印度尼西亚、马来西亚等国的经济遭受重创。因此，经济失衡后，通过市场力量，以金融危机形式强行纠正几乎成为必然规律。次贷危机是第一次全球性的金融危机，它是全球经济长期失衡的必然结果。

（三）资源的有限性与需求膨胀的失衡

资源是支撑经济可持续发展的必不可少的力量，以大宗商品为主体的资源在全球经济发展中扮演着重要角色。以铁矿石为例，全球的铁矿石资源由力拓、必和必拓、巴西淡水河谷三家公司垄断，它们在全球经济高涨的时候，取得了资源的定价权。因此，处于下游的需求方不得不在经济高速发展阶段承受高资源价格，尤其是资源对外依存度大的国家。

上述三大失衡表明，世界经济运行中存在着长期积累的失衡，随着时间的推移，这种失衡越来越明显，在无法通过市场调节的情况下，通过金融危机的形式爆发，就是次贷危机。

第二节　开放经济下通货膨胀相关理论

通货膨胀从总体上分为总量派、货币派与预期派。总量派从宏观角度分析通货膨胀的成因。总量派认为，通货膨胀总体上是总需求大于总供给，导致总体物价水平上升而形成通货膨胀，主要的理论基础是凯恩斯的 AD-AS 模型。货币派则更多从结构上研究通货膨胀的成因，认为通货膨胀本质上是一种货币现象，是发行的货币超过了需求而引起的。货币数量论是货币派的理论基础[①]，最著名的是弗里德曼的观点："通货膨胀在任何时候都是一种货币现象。"[②]预期派是20世纪70年代西方经济出现停滞后出现的一种解释通货膨胀的重要理论。随着预期理论的兴起，在通货膨胀研究中加入预期因素成为研究的潮流。[③]

一、凯恩斯宏观分析理论

凯恩斯学派是在大萧条后崛起的用于对宏观经济进行分析的重要理论。学派的主要观点就是相机抉择，对宏观经济进行干预。凯恩斯学派认为经济运行中存在众多不稳定因素，需要通过干预使经济回到正轨上来。[④]凯恩斯主张适度的通货膨胀理论，他认为适度的通货膨胀可以刺激经济投资与消费，有利于经济发展与就业。凯恩斯理论对后来的理论研究产生了巨大的影响，其提出的宏观经济分析范式，也成为后来众多宏观经济分析范式的基础，并不断得到拓展。受凯恩斯理论的影响，后世在相关基础上建立的总供给—总需求模型、蒙代尔—弗莱明模型就是该理论基础的集中体现。

（一）总供给—总需求模型

总供给—总需求模型是后凯恩斯学派，即新古典分析学派吸收了希克斯的IS–LM模型后形成的分析国民收入与价格的一个经典模型。

总需求是国民经济中对商品和劳务总的需求，包括消费需求 C、投资需求 I、政府支出 G、净出口 $X-M$（X 代表出口，M 代表进口），可表示为：

$$Y=C+I+G+X-M$$

总需求函数描述的是价格与总产出的关系。随着总体价格水平的上升，总需求下降。而总供给曲线完全相反，价格上升，总供给增加。由于两条曲线的走向完全相反，最终决定总需求与总供给曲线的交点是均衡价格。总供给则体现为产出，在不同的就业状况下，产出差距很大。在未充分就业状况下，总需求的增加，可以增加产出。但到充分就业后，继续增加需求，产出无法同步增加，只能体现为价格的上涨。20世纪70年代西方发达国家发生的滞胀就是充分就业后，需求增长导致价格上涨，而产出无法继续增加的著名案例。

针对不同的总需求结构与总供给状态，在出现总需求与总供给差距时，应该根据未

---

① 路继业：《货币理论与货币政策的演变及其最新进展》，《金融纵横》2008年第5期。

②［美］米尔顿·弗里德曼、罗斯·弗里德曼：《自由选择》，胡骑等译，商务印书馆1982年版。

③［美］霍尔、泰勒：《宏观经济学——理性预期与价格调整》，冯立新等译，中国展望出版社1989年版。

④［英］约翰·梅纳德·凯恩斯：《就业、利息和货币通论》，高鸿业译，商务印书馆2005年版。

充分就业与充分就业两种情况进行调节。

在处于未充分就业状态时，总需求增加，将引起均衡价格增加，同时总供给增加，对物价不会产生影响。

当处于充分就业状态时，总需求的增加不能够增加产出，只能导致价格上涨，最终产生通货膨胀压力。

（二）蒙代尔—弗莱明模型

蒙代尔—弗莱明模型是用于开放经济下宏观经济短期分析的重要工具。这个分析理论实际上也是凯恩斯宏观分析理论的延续，主要考虑在开放经济下如何进行政策搭配，以有效治理开放经济下内外失衡，从而使经济恢复到均衡状态。

蒙代尔—弗莱明模型以IS–LM模型为基础，将IS–LM模型从封闭状态扩展到开放状态。这个模型的研究背景是小国开放下的宏观经济，整个模型由IS、LM、BP三条曲线组成，表示商品市场、货币市场、汇率市场三个市场在资本完全流动与不同汇率条件下实现均衡所需要的条件。模型的假设条件是资本完全流动、利率中立。

在固定汇率制度下，货币政策缺乏有效性。如果政府实施扩张性货币政策，将导致收入增加，进口增加。同时，由于扩张性货币政策使利率降低，资本出现外流。由于经常项目与资本项目均出现了逆差，使国际收支减少，导致本国货币贬值，为维护本国货币稳定，中央银行不得不购入本国货币、抛售外国货币，使汇率市场恢复均衡，这样货币政策就丧失了独立性，货币政策归于无效。

浮动汇率制度下的情形与固定汇率相比，有很大的差异。如果政府实施扩张性货币政策，将导致收入增加，推动进口增加；同时，由于扩张性货币政策使利率降低，资本出现外流，经常项目与资本项目均出现逆差，国际收支减少，导致本国货币贬值，出口增加，本国收入增加，货币政策有效。

二、北欧模型

北欧模型是用来描述开放经济下小型经济体受世界通货膨胀输入的影响的模型。

北欧模型把一国经济分为开放的经济部门与未开放的经济部门，开放的经济部门直接暴露在全球价格的竞争下。北欧模型的研究对象为小型经济体，经济规模有限，无法对全球价格水平造成影响，只能被动接受全球价格。这样，在固定汇率与全球通货膨胀的背景下，通货膨胀通过小型经济体的开放部门向国内价格进行传导。物价的上涨引起开放国的工资上涨预期，在开放国存在全国统一的劳动力市场的前提下，开放部门的工资谈判导致全国工资价格水平上升，非开放部门尽管没有直接受到国际价格的冲击，但在开放部门工资上涨示范效应下，也形成工资上涨的压力，推动工资价格的上涨。

通过以上两个传导渠道，开放国经济承受了由国外传入的通货膨胀。因此，北欧模型又被称为“输入型通货膨胀模型”。

在实际运行中，并非仅仅是小型开放经济体受到通货膨胀的传导，随着各国经济联系的日益紧密，通过通货膨胀传导的国家越来越多。全球贸易规模的扩大，已经使其中任何一个国家都无法单独影响贸易品价格，即使影响，也无法像封闭经济下形成垄断的市场价格。因此，随着全球化的不断深入，北欧模型的应用范围越来越广泛，全球通货膨胀的传导也成为很普遍的现象。

三、货币数量论

货币数量论是影响通货膨胀理论发展的重要理论，先后经历了费雪、马歇尔、弗里德曼等人的发展。货币数量论尽管在发展的各个阶段内容不同，但观点大同小异：通货膨胀本质上是一种货币现象。国际收支的货币分析继承了货币数量论的分析方法，将货币数量论的分析对象由一国扩展到了包括国际收支对通货膨胀的影响。货币数量论将货币供给与实物交易所需的货币需求联系起来，实际上是一个货币供求模型。

费雪于20世纪初提出了费雪方程式，该方程式表示如下：

$$MV=PY$$

该方程式中，M表示货币供应量，V表示货币流通速度，P表示交易价格，Y表示商品交易数量。MV表示一定时期内的货币供给，PY表示一定时间内的货币需求。

在费雪方程式中，假定货币流动速度是不变的，在一定时期内的商品交易数量也是不变的，这样，货币发行量就与交易价格建立了比例关系。实际上，货币流通速度存在变化。研究表明，货币流通速度不仅取决于货币需求量，还取决于人们持有现金的状况。因此，货币流通速度实际上是一个变量。尽管如此，费雪方程式在一定程度上提出了货币供应与物价的关系，为研究货币供应与物价的关系提供了理论基础。

货币数量论先后经马歇尔、弗里德曼等人的发展，形成了现代货币数量论。

其中庇古于1917年在《货币的价值》一书中提出了剑桥方程式：

$$M=KY=KPy$$ ①

① 路继业：《货币理论与货币政策的演变及其最新进展》，《金融纵横》2008年第5期。

弗里德曼综合了前人的基础，提出了现代货币主义理论[①]，从弗里德曼的理论看，他的理论核心是“货币是中性的”。对实际的变量，如投资、消费、产出，并不产生实质性影响。由于货币是中性的，当货币供应增加时，尽管货币流通速度也有所波动，但总体是稳定的，产出等实际变量并不会同等增加。因此，最终的结果是价格的上涨。基于这一分析，他认为政府不应该采用相机抉择的方式对经济进行调控；相反，应该保持一定比例的货币增长，避免出现因干预经济而过度波动。弗里德曼的理论从实质上看与货币数量论是一脉相承的，从根本上证明了通货膨胀就是一种货币现象。

四、通货膨胀预期理论

现代通货膨胀理论与传统通货膨胀理论的区别在于引入了预期因素，从而使通货膨胀的发展与市场参与者的行为紧密联系起来。传统通货膨胀理论中没有考虑预期因素，在通货膨胀的动态变化中，假定市场参与者是价格水平的被动接受者，而预期因素则考虑了市场参与者与通货膨胀间的动态博弈，市场参与者通过预期行为对实际通货膨胀水平产生影响，也对货币政策与通货膨胀治理产生了影响。

（一）通货膨胀预期对市场参与者的影响

通货膨胀预期的形成，对市场交易的各方面都会形成不同的心理影响，并最终体现为影响通货膨胀的实际行动。通货膨胀预期产生影响的市场交易者主要分为三类，包括经营者、消费者、政府部门。对三类参与者而言，通货膨胀预期对其行为的差异影响非常大。

对经营者来说，通货膨胀预期往往影响其生产决策与价格决策等方面。就生产决策方面而言，如果经营者预期未来产品价格出现上涨，那么经营者就会加大投资，增加产品供给；反之，则减少生产投入。如果经营者预期商品价格在未来上涨，那么经营者将可能采取提价的方式来获得经营收益。必须指出的是，经营者能否提价，取决于市场对这一预期的接受程度，也取决于经营相同产品的经营者是否采取一致性预期。如果经营相同产品的经营者采取一致性行动，且市场也对价格上涨存在相应的预期，那么最终可能就会形成通货膨胀预期的自我实现，即价格的上涨。我国 1988 年的价格上涨就形成了抢购风潮，使通货膨胀预期得到了实现。

消费者的通货膨胀预期主要体现在消费行为中，如消费者预期产品价格上涨，可能会提前囤积产品，以降低产品价格上涨而造成的额外支出。由于消费者预期与消费者对

①［美］米尔顿·弗里德曼、罗斯·弗里德曼:《自由选择》，胡骑等译，商务印书馆 1982 年版。

经济问题的判断能力、消费者所掌握的信息、市场程度的完善有很大的关系，因此消费者能否形成良好的预期，还需要在实践中不断学习与改进。由于我国仍然处于市场化进程中，消费者的预期还无法形成很完整的理性预期，这样消费者更多是根据过去的价格走势与生活经历对未来的价格走势做出判断，从而在一定程度上加剧了通货膨胀的惯性。

政府部门负责管理宏观经济的运行，通货膨胀预期也越来越成为影响政府治理通货膨胀的重要因素。我国政府也越来越意识到要注重影响市场参与者的通货膨胀预期行为。我国政府不仅定期发布经营者信心指数与消费者信心指数，还通过各种政策搭配影响通货膨胀的发展趋势，有意识地引导经营者与消费者形成良好的通货膨胀预期，以降低因经营者、消费者预期而形成的通货膨胀惯性。

（二）开放经济下通货膨胀预期的特点

开放经济下，通货膨胀预期与相关的资产和商品价格密切相关。开放经济下通货膨胀预期与汇率、利率、大宗商品价格的走势密切相关。正是这些经济变量在过去的变化使投资者或消费者形成简单预期或外推式预期，一旦市场的参与者形成一致性的看涨或看跌的预期，将影响价格波动的方向与趋势，进而影响通货膨胀水平。

三大影响通货膨胀的理论分别从物价、货币、预期三种影响通货膨胀的主要因素分析了通货膨胀成因，各派理论在不同的历史时期均发挥了重要作用。如在第二次世界大战结束到 20 世纪 70 年代，由于全球未达到充分就业，凯恩斯的宏观经济理论得到广泛认同与应用。而 20 世纪 70 年代西方经济陷入滞胀后，凯恩斯的理论受到质疑，以弗里德曼为代表的货币主义又获得了广泛认同。而理性预期理论也在 20 世纪 70 年代后发展起来，出现了卢卡斯的理性预期理论，如何有效管理通货膨胀预期也纳入了通货膨胀管理的范畴。

尽管这三大派别均有各自的理论基础，但都存在一定的片面性，无法全面完整地反映通货膨胀的成因。在开放经济状态下，考虑通货膨胀的成因，需要全面综合考虑影响通货膨胀因素的结合。

第三节　开放经济下通货膨胀理论与传统通货膨胀理论的区别

通货膨胀理论是经济学中较为传统成熟的理论。但是，随着经济全球化的进行，金融资本全球流动，现代开放经济状态下的通货膨胀与传统的通货膨胀理论产生了很大的差异，成因、传导、治理均与传统经济学中的通货膨胀理论有着根本区别，从理论上把握这一区别，有利于认识并治理开放经济下的通货膨胀。开放经济下的通货膨胀与传统的通货膨胀有以下区别。

一、形成背景不同

在传统的通货膨胀理论中，无论是马克思、凯恩斯，还是弗里德曼，其形成的理论均源于封闭状态下的经济体，且其研究的对象主要针对制造业，无论是资本流动还是虚拟经济，均没有对实体经济产生较大的影响。根据刘骏民对美国虚拟经济与实体经济关系演化的研究发现，美国的虚拟经济是在布雷顿森林体系崩溃后逐渐繁荣的，虚拟经济的兴起，对通货膨胀的形成机理产生了深远的影响。①

开放经济下通货膨胀的形成源于经济全球化与全球资本流动的背景。随着全球化趋势的形成，通过国际贸易与资本这两大渠道，资本在全球范围内迅速流动，打破了传统通货膨胀理论局限于封闭经济体的假设，一国通货膨胀的形成将不仅受国内因素影响，还受国际因素的冲击。对众多缺乏商品定价权的发展中国家而言，尤其是开放的小国，受国际因素影响和冲击更大。奥地利学派的北欧模型证实了这一点。

二、影响因素不同

在传统的通货膨胀理论中，通货膨胀的形成更多受国内因素的影响，由于国内总需求大于总供给而形成，而且局限于实体经济。通货膨胀的波动主要受投资与消费行为等因素影响。尽管预期因素在通货膨胀的形成中也很重要，但传统的通货膨胀理论中并没有考虑预期因素的影响。同样，受发展阶段的影响，传统通货膨胀理论也没有考虑虚拟经济、资产价格等因素对通货膨胀的影响。

开放经济背景下通货膨胀的影响因素不仅取决于国内因素，还取决于国际因素。在开放经济状态下，国际贸易、资本流动等因素通过影响进口产品的物价水平与外汇储备等，影响进口国基础货币发行量，达到影响进口国物价水平的效果。

三、预期的影响不同

传统的通货膨胀并没有考虑预期因素对通货膨胀的影响。实际上，预期在通货膨胀中

① 刘骏民、李曙军:《全球流动性膨胀与经济虚拟化》,《开放导报》2007 年第 2 期。

的影响越来越重要。卢卡斯的理性预期理论就充分体现了预期对经济行为影响的重要性。

预期影响了国际贸易中大宗商品价格的形成，同时大宗商品在国际贸易中也是可交易的期货产品。期货价格与实物价格的波动紧密相连，期货交易价格成了实物交割的基准价格，这样，期货就成了实体经济与虚拟经济产生联系的纽带。全球比较著名的期货交易所，如芝加哥商品期货交易所、纽约原油交易所、伦敦金属交易所通过对农产品、能源、有色金属期货价格走势，影响全球范围内大宗商品实物价格走势，进而通过国际贸易影响进出口商品价格。预期可以对全球期货价格产生影响，进而影响全球商品价格。

预期影响了全球资本流动，预期影响国际资本在全球的流动与产业布局。按利率平价理论，资本流动影响了一国的利率与汇率的波动，影响一国的物价。由于全球直接投资已成为影响通货膨胀的重要因素，预期也影响了全球资本投资的方向以及东道国的物价水平。

预期使通货膨胀产生了自我实现（self-fulfillment）的正反馈效应。无论是针对商品价格的预期还是针对资产价格的预期，价格的变动均朝着一致性预期的方向变动，使通货膨胀的预期具有自我实现的功能。例如，针对未来的资产价格或者商品价格上涨的预期一旦形成，就很有可能形成对资产或者商品的抢购，导致通货膨胀的自我实现。

四、治理方法不同

在传统的通货膨胀理论中，对通货膨胀治理的理论基础着眼于国内总需求与总供给的管理，通过调节供求使国民经济从失衡状态恢复到正常状态，达到治理通货膨胀的目的。

开放经济状态下，通货膨胀不仅体现为内部的失衡，也表现为外部的失衡，因此在治理上要同时考虑使内外恢复均衡的问题。开放经济状态下，货币供给的内生性增强，货币政策的独立性与有效性受到挑战，仅仅依靠传统的货币政策，通过紧缩性政策治理通货膨胀，存在很大的难度。单边紧缩，容易引起资本流入，导致紧缩政策治理效果大打折扣。根据三元悖论，要有效治理开放经济下的通货膨胀，还需有效处理好资本流动、货币政策与汇率制度三者的关系，减少外来的流动性对国内物价的冲击与影响。因此，开放经济下通货膨胀的治理需要综合考虑内外因素。

第四节　小结

本章提出了开放经济下通货膨胀的概念，确立了开放经济下通货膨胀相关理论，比较了开放经济下通货膨胀理论与传统通货膨胀理论的区别，并提出了分析开放经济下通货膨胀的框架。

主要有以下内容：

（1）开放经济定义、特点，开放经济与封闭经济的区别。对开放经济进行了定义，与封闭经济进行了比较，研究了开放经济下资本流动、商品贸易对全球通货膨胀形成的影响。

（2）梳理了开放经济下通货膨胀研究的理论基础。以开放经济下的宏观经济分析框架、总需求—总供给模型、北欧模型、货币数量论、预期理论为基础，全面研究总量、结构、货币、预期等因素对通货膨胀的影响。

（3）比较了开放经济下通货膨胀理论与封闭经济下通货膨胀理论的区别。从形成背景、影响因素、预期因素、治理方法等方面进行了比较。研究发现，从封闭走向开放，通货膨胀的分析框架应该从世界经济的视角，全方位考虑国际因素对一国通货膨胀的影响与传导，同时要考虑国际影响因素与国内影响因素的结合。

第二章　全球通货膨胀的形成与国际传导

20 世纪 70 年代以来，全球化成为世界经济发展的一个重大变化，这个变化使越来越多的国家融入世界经济一体化的浪潮中。相应地，经济开放的程度越来越高，各国间的经济联系越来越紧密。[①] 有趣的是，1980 年以来，在新的全球分工范式下，全球经济摆脱了第二次世界大战后长期困扰各国的通货膨胀问题，暂时进入了低通货膨胀的经济发展时期。[②] 全球化促进了分工的专业化和协作，也加剧了全球经济的非均衡发展，新的不合理的全球货币体系与分工范式最终加速了全球通货膨胀的到来。随着中国对外开放度的不断提高，中国经济不可避免地受到更多的外部冲击。因此，研究中国 2007 年以来通货膨胀的成因，既要研究受到的内部冲击因素，也要研究形成通货膨胀的国际因素，并研究这两类因素的结合点。本章重点研究国际因素对通货膨胀的影响。

第一节　全球通货膨胀的演变历程

无论过去、现在还是未来，全球通货膨胀都是人们高度关注的经济问题。通货膨胀

① 客观地说，全球化在 19 世纪已经出现，并非新事物。但 20 世纪 80 年代过后的全球化伴随着中国、印度等大国的加入，而东欧社会主义国家解体后也融入了这一潮流，这就使全球化浪潮席卷范围更广泛。同时，信息技术的广泛使用与大量货币信用的创造，加速了资本流动的全球化。

② 20 世纪 90 年代拉丁美洲的巴西、墨西哥等国家仍然存在着非常高的通货膨胀率。1998—2002 年，全球 GDP（Gross Domestic Product，国内生产总值）平均增长 3.4%，物价平均增长 4.4%；2003—2007 年，全球 GDP 增长达到 4.9%，全球物价平均增长 3.6%。

的出现，深深地影响着一国物价水平、社会稳定、收入的再分配与福利。保持物价稳定，降低通货膨胀对经济运行的负面影响，已成为各国对宏观经济管理的共识。

全球通货膨胀的演变与全球化的进程密不可分。20 世纪 70 年代以前，全球化程度较低，各发达国家之间联系紧密，通货膨胀在发达国家之间的形成与传导，主要表现为物价形式的通货膨胀。20 世纪 70 年代后，发达国家、发展中国家、石油输出国组织成员国等联系越来越紧密，加速了通货膨胀在国际范围内的形成与传导，形式上不仅表现为物价通货膨胀，还表现为资产价格的通货膨胀。

第二次世界大战后的通货膨胀经历了两个重要时期，一是战后初期，各国开始恢复性重建，在和平的环境与相对稳定的汇率体系下，从战后到 20 世纪 70 年代以前，发达国家政府采取凯恩斯的刺激政策，但是随着各国逐渐达到充分就业水平，产出无法继续增加，而总需求继续增长，最终形成了高通货膨胀与低增长并存的滞胀。二是 20 世纪 70 年代因两次石油危机引起的世界性通货膨胀，这两轮石油危机是石油输出国组织涨价引起西方发达国家的输入型通货膨胀，对整个西方发达国家影响了整整十年。直到 20 世纪 80 年代，通过持续的紧缩政策与产业政策调整，西方国家才走出通货膨胀的泥潭。2008 年以来的通货膨胀是全球第三次通货膨胀，也是涉及范围广、席卷国家最多的一次。无论是发达国家，还是发展中国家，都出现了通货膨胀。不仅有大宗商品价格的暴涨，也有全球股票、房地产市场资产价格的高涨。这轮全球通货膨胀对全球经济的发展带来了深远影响。

第二节　国际货币体系与全球通货膨胀

国际货币体系的演变与全球通货膨胀的形成密切相关。第二次世界大战以来，国际货币体系先后经历了以固定汇率为主的布雷顿森林体系与以浮动汇率为主的牙买加体系。在牙买加体系中，美元的发行失去了黄金数量的硬性约束，使美国在货币发行上可以从其自身的利益出发。长期以来，美元一直作为世界重要的储备货币，美元国际货币霸权的获得，使美国大量输出流动性成为必然。尽管美国的 GDP 在全球的比重不断下降，但因美国强大的综合实力仍然使美元被全世界接受，并作为主要的储备货币，在全球外汇储备中占有主导地位。尽管欧元为后起之秀，在全球外汇储备中所占比例也从 1999 年的 17.9% 上升到 2007 年的 26.5%，但美元在全球外汇储备中的比例仍然高达 63.9%。美元在全球外汇储备中的主导地位使美元在持续贬值下的全球流动性过剩成为必然（表 2.1）。

表 2.1　世界官方外汇总储备、主要货币币种官方总储备　（单位：百万美元）

年份	世界总储备	总储备增长率	已确定货币币种的储备	美元	美元增长率	已知币种中美元占比（%）	欧元	欧元增长率	已知币种中欧元占比（%）
1999	1 781 449	0.084	1 378 620	978 562	0.101	71.0	246 950		17.9
2000	1 936 532	0.087	1 516 325	1 078 041	0.102	71.1	277 605	0.124	18.3
2001	2 049 762	0.058	1 566 946	1 119 975	0.039	71.5	300 969	0.084	19.2
2002	2 408 419	0.175	1 793 793	1 202 600	0.074	67.0	427 307	0.420	23.8
2003	3 025 187	0.256	2 220 568	1 463 332	0.217	65.9	599 200	0.402	27.0
2004	3 748 369	0.239	2 641 619	1 738 331	0.188	65.8	658 059	0.098	24.9
2005	4 174 449	0.114	2 822 357	1 883 809	0.084	66.7	683 272	0.038	24.2
2006	5 036 751	0.207	3 331 486	2 151 057	0.142	64.6	861 640	0.261	25.9
2007	6 390 611	0.269	4 064 806	2 598 526	0.208	63.9	1 075 517	0.248	26.5

资料来源：国际货币基金组织国际金融统计 2008 年数据。

美国在 2001 年以来持续实行宽松的货币政策，而日本与欧洲中央银行也加大货币发行量，使全球货币流动性不断增加。根据相关研究，无论是发达经济体美国、日本，还是新兴经济体中国，大多数年份的实际流动性水平均超过了均衡流动性水平（表 2.2），使国内的通货膨胀压力迅速增加。

表 2.2　三大经济体流动性过剩的测度结果

年份	美国		日本		中国	
	均衡	实际	均衡	实际	均衡	实际
2000	5.91	8.01	3.64	1.28	−2.90	12.32
2001	5.94	10.40	−0.44	4.38	7.11	15.04
2002	5.97	6.34	1.33	2.12	8.79	18.28
2003	5.38	6.02	1.21	1.71	8.26	19.58
2004	5.86	5.80	2.55	1.88	10.58	14.39
2005	5.80	4.06	2.00	1.85	9.68	17.91
2006	5.86	5.30	2.38	0.22	8.81	15.99
2007	5.44	6.15	1.87	2.32	9.69	17.78

资料来源：潘沁、徐康宁：《全球流动性过剩传导的典型化事实研究》，《世界经济研究》2008 年第 8 期。

现行的国际货币体系强化了美元的国际储备货币地位，美国实施的货币政策仅着眼于美国自身的利益，不从全球物价稳定的角度承担相应责任。这样一来，美国单方面享受了货币发行的权利，而没有承担相应的义务，全球货币体系对美国的货币政策失去了约束，全球的流动性水平与美国的货币发行紧密联系在一起，美元的过度发行成为全球通货膨胀的先决条件。

第三节　国际分工格局与全球通货膨胀

全球通货膨胀的形成与传导是经济学研究中的热点。在传统的通胀理论中，针对通货膨胀的形成与传导均形成于布雷顿森林体系崩溃前，其理论基础与假设、传导机制均与全球化开放经济状态下的通货膨胀有着本质区别。

一、全球国际分工新格局与世界经济增长

在现有的国际货币体系与分工格局下，美国等西方发达国家掌握了国际货币发行权，在国际分工中以金融业为主导产业，而发展中国家则以制造业为主。在新的国际分工格局下，由于低端制造业大量转移到了发展中国家，制造业转向了以成本竞争为主，带动了发展中国家的经济发展，而发达国家因缺乏成本优势，经济增长在低位徘徊。1999—2009 年的十年间，以中国、印度、巴西、俄罗斯为代表的新兴经济体凭借成本优势，经济取得了高速增长。根据国际货币基金组织的研究，上述四国各年平均增长率超过了 G20[①] 各年平均增长率（表 2.3）。

表 2.3　G20 国家或地区经济增长（1999—2009 年）

国家或地区	1999 年	2000 年	2001 年	2002 年	2003 年	2004 年	2005 年	2006 年	2007 年	2008 年	2009 年
阿根廷	−3.39	−0.79	−4.41	−10.90	8.84	9.03	9.18	8.47	8.65	6.76	−2.52
澳大利亚	4.40	3.43	2.09	4.25	2.97	3.84	2.76	2.84	4.05	2.35	0.73
巴西	0.25	4.31	1.31	2.66	1.15	5.71	3.16	3.97	6.67	5.08	−0.66
加拿大	5.53	5.23	1.78	2.93	1.88	3.12	3.02	2.85	2.53	0.41	−2.48
中国	7.60	8.40	8.31	9.10	10.00	10.11	10.40	11.61	13.01	9.01	8.50
法国	3.21	4.07	1.76	1.07	1.08	2.27	1.94	2.42	2.26	0.32	−2.36
德国	1.93	3.22	1.15	0.01	−0.23	1.18	0.73	3.18	2.52	1.25	−5.30

① G20（二十国集团，Group 20）是 1999 年 9 月 25 日由八国集团的财长在华盛顿宣布成立的。它的宗旨是推动发达国家和新兴市场国家之间就实质性问题进行讨论和研究，以寻求合作并促进国际金融稳定和经济持续发展。G20 由美国、英国、日本、法国、德国、加拿大、意大利、俄罗斯、澳大利亚、中国、巴西、阿根廷、墨西哥、韩国、印度尼西亚、印度、沙特阿拉伯、南非、土耳其 19 个国家以及欧盟组成。这些国家以及欧盟的国民生产总值约占全世界的 85%，人口则将近占世界总人口的 2/3。

续表

国家或地区	1999 年	2000 年	2001 年	2002 年	2003 年	2004 年	2005 年	2006 年	2007 年	2008 年	2009 年
印度	6.92	5.69	3.89	4.56	6.85	7.90	9.21	9.82	9.37	7.35	5.36
印度尼西亚	0.79	5.35	3.54	4.50	4.78	5.03	5.69	5.50	6.28	6.06	3.99
意大利	1.46	3.69	1.82	0.45	−0.02	1.53	0.66	2.04	1.56	−1.04	−5.15
日本	−0.14	2.86	0.18	0.26	1.41	2.74	1.93	2.04	2.34	−0.71	−5.37
韩国	9.49	8.49	3.97	7.15	2.80	4.62	3.96	5.18	5.11	2.22	−0.99
墨西哥	3.87	6.60	−0.16	0.83	1.68	4.00	3.21	5.13	3.33	1.35	−7.34
俄罗斯	6.40	10.00	5.10	4.70	7.30	7.20	6.40	7.70	8.10	5.60	−7.55
沙特阿拉伯	−0.75	4.87	0.55	0.13	7.66	5.27	5.55	3.16	3.31	4.45	−0.88
南非	2.36	4.16	2.74	3.67	3.12	4.86	4.97	5.32	5.10	3.06	−2.17
土耳其	−3.37	6.77	−5.70	6.16	5.27	9.36	8.40	6.89	4.67	0.90	−6.50
英国	3.47	3.92	2.46	2.10	2.81	2.95	2.17	2.85	2.56	0.74	−4.39
美国	4.83	4.14	1.08	1.81	2.49	3.57	3.05	2.67	2.14	0.44	−2.73
世界	3.20	4.31	1.58	1.97	2.66	3.95	3.41	3.91	3.84	1.83	−2.32
G20 平均	2.89	4.97	1.66	2.39	3.78	4.96	4.55	4.93	4.87	2.93	−1.99
金砖四国平均	5.29	7.10	4.65	5.26	6.33	7.73	7.29	8.27	9.04	6.76	1.41

资料来源：世界经济展望数据库，2009 年 10 月。

2000 年以来，随着全球经济的迅速增长，世界部分主要国家消费价格指数出现了明显增加。与 2000 年相比，英国、美国、日本等国家物价水平增长缓慢，而与此形成鲜明对比的是，中国、印度、巴西、俄罗斯等被称为“金砖四国”的新兴经济体，随着经济的快速发展，其物价水平的增长明显超过了发达国家（表 2.4）。

表 2.4　1999—2008 年全球部分国家消费者价格指数

国家	1999 年	2000 年	2001 年	2002 年	2003 年	2004 年	2005 年	2006 年	2007 年	2008 年
阿根廷	100.95	100	98.94	124.53	141.27	147.51	161.73	179.35	195.19	211.95
澳大利亚	95.72	100	104.38	107.52	110.50	113.08	116.10	120.21	123.01	128.37
巴西	**93.41**	**100**	**106.84**	**115.84**	**132.96**	**141.73**	**151.49**	**157.85**	**163.59**	**172.87**
加拿大	97.34	100	99.95	104.84	107.71	109.70	112.14	114.41	116.84	119.62
中国	**99.60**	**100**	**103.75**	**99.95**	**101.12**	**105.06**	**106.97**	**108.54**	**113.71**	**120.45**
法国	98.21	100	101.78	103.75	106.00	108.49	110.55	112.66	114.47	118.09
德国	98.62	100	101.90	103.28	104.35	106.22	108.26	110.19	112.70	115.80
印度	**96.15**	**100**	**103.78**	**108.24**	**112.36**	**116.59**	**121.54**	**129.05**	**137.27**	**148.73**
印度尼西亚	96.36	100	111.50	124.66	133.10	141.17	155.93	176.37	187.01	205.29
意大利	97.49	100	102.32	104.99	107.95	110.40	112.84	115.34	117.69	121.81

续表

国家	1999 年	2000 年	2001 年	2002 年	2003 年	2004 年	2005 年	2006 年	2007 年	2008 年
日本	100.78	100	99.32	98.43	98.14	98.14	97.85	98.14	98.14	99.51
韩国	97.79	100	104.07	106.94	110.70	114.68	117.83	120.48	123.53	129.30
墨西哥	91.33	100	106.37	111.72	116.80	122.28	127.15	131.77	136.99	144.01
俄罗斯	**82.80**	**100**	**121.46**	**140.63**	**159.85**	**177.25**	**199.74**	**219.07**	**238.80**	**272.49**
沙特阿拉伯	101.11	100	98.86	99.09	99.67	100.03	100.66	102.98	107.21	117.80
南非	94.90	100	105.70	115.40	122.10	123.80	128.00	134.00	143.50	160.01
土耳其	64.50	100	154.25	223.86	280.59	304.71	329.63	361.27	392.90	433.94
英国	99.14	100	101.18	102.47	103.87	105.26	107.41	109.88	112.46	116.54
美国	96.74	100	102.82	104.46	106.86	109.71	113.42	117.07	120.42	124.99

资料来源：世界经济展望数据库，2009 年 10 月。

新兴经济体在世界经济中迅速崛起的原因，除经济增长中的后发竞争优势外，还包括全球新的产业分工使发达国家利用全球化趋势在全球范围内进行产业布局，从而形成了新一轮全球产业布局。众多发达国家的制造业向发展中国家转移，利用发展中国家廉价的劳动力生产价值链中的低附加值产品①，而美国等发达国家则以金融业为核心产业。根据张云、刘骏民的测算②，美国的实体经济在 GDP 中的比重从 1950 年的 41.25% 下降到 2000 年的 22.04%，到 2005 年继续下降到 19.64%；虚拟经济的比重则从 1950 年的 8.63% 上升到 2005 年的 20.62%（表 2.5）。美国经济结构的变化从根本上影响了世界经济的再分工格局。

表 2.5　美国实体经济与虚拟经济发展状况　　（单位：十亿美元）

年份	1950	1960	1970	1980	1990	2000	2001	2002	2003	2004	2005
GDP	240	414.5	804.4	2 708	5 546	9 817	10 100.8	10 487	10 971	11 734	12 487
实体经济	99	164.8	290.3	819.9	1 442	2 164	2 100.6	2 130.7	2 192	2 303	2 453
虚拟经济	20.7	45.9	91.8	418.4	982	1 931	2 028	2 148	2 260	2 395	2 575
实体经济（%）	41.25	39.76	36.09	30.28	26.00	22.04	20.90	20.32	19.98	19.63	19.64
虚拟经济（%）	8.63	11.07	11.41	15.45	17.71	19.67	20.08	20.48	20.60	20.41	20.62

资料来源：张云、刘骏民：《全球流动性膨胀的原因及其后果——兼论美元与国际货币体系的危机》，《社会科学战线》2008 年第 8 期。

美国经济虚拟化的过程是实体经济不断萎缩，制造业中的低附加值部分不断向发展中国家转移，使美国的贸易逆差不断扩大的过程。

① 产业链是 1985 年哈佛大学教授迈克尔·波特在《竞争优势》一书中提出来的。他认为企业要取得竞争优势，就需要根据企业的经营方式构建一系列高附加值的经营活动，包括生产、营销、售后服务、研究开发、人力资源等活动，这些活动共同构成了价值链。

② 他们的测算是以制造业、建筑业、交通运输业表示美国的实体经济，以金融业、保险服务业、房地产服务业表示美国的虚拟经济。

从产业链角度来看，发达国家主要攫取了价值链中的高附加值部分，如研究开发、计划、营销，而低附加值部分转移到发展中国家，形成新的全球分工格局。根据美国哈佛大学战略管理教授迈克尔·波特的波特价值链，发达国家将基本活动转移到了发展中国家，而将附加值高的活动保留在国内，形成了发达国家从事高端经营活动、发展中国家从事低端活动的经营格局。

二、美国贸易逆差对全球通货膨胀的影响

自布雷顿森林体系崩溃后，美国的国际收支一直呈现经常项目逆差、资本项目顺差的格局（表 2.6）。由于美国的货币发行不再受黄金数量的硬性约束，美国通过贸易项目的逆差向全球输送了大量的美元，使美元的流动性大增，这些不断增长的流动性，成为全球发生通货膨胀的基础条件。

表 2.6　美国国际收支平衡表（1960—2007 年）　（单位：百万美元）

年份	经常项目	资本项目	年份	经常项目	资本项目
1960	2 824	−1 805	1984	−94 344	77 376
1961	3 822	−2 833	1985	−118 155	101 363
1962	3 387	−2 263	1986	−147 177	118 286
1963	4 414	−4 053	1987	−160 655	169 338
1964	6 823	−5 917	1988	−121 153	139 949
1965	5 431	−4 974	1989	−99 486	49 545
1966	3 031	−3 660	1990	−78 968	60 337
1967	2 583	−2 378	1991	2 897	46 420
1968	611	−1 049	1992	−50 078	96 253
1969	399	−1 117	1993	−84 805	81 490
1970	2 331	−2 114	1994	−121 612	127 052
1971	−1 433	11 212	1995	−113 567	86 298
1972	−5 795	7 674	1996	−124 764	137 687
1973	7 140	−4 468	1997	−140 402	221 334
1974	1 962	596	1998	−213 528	69 740
1975	18 116	−22 533	1999	−229 826	236 148
1976	4 295	−13 251	2000	−415 150	486 373
1977	−14 335	18 434	2001	−388 959	400 243
1978	−15 143	5 906	2002	−472 446	503 167
1979	−285	−24 063	2003	−527 514	538 345
1980	2 317	−23 203	2004	−665 286	582 419
1981	5 030	−26 822	2005	−791 508	785 449
1982	−5 536	−31 293	2006	−811 477	833 183
1983	−38 691	22 321	2007	−738 638	

资料来源：世界经济展望数据库。

三、发展中国家的资源需求与通货膨胀

发达国家低通货膨胀的形成，有其经济增长缓慢甚至衰退的因素，也有新的国际分工格局下发达国家从发展中国家获得低廉商品的原因。新兴经济体处于国际产业链分工低端，其城市化与工业化进程尚未完成，且发展中国家大多采用出口导向的发展政策，消耗的原材料众多，形成了高对外依存度，而资源的供给方又集中在少数的供应国，形成了寡头垄断的市场格局。① 而原材料的需求方分散，缺乏价格谈判能力，需求的迅速膨胀造成了商品价格的不断上涨，形成了通货膨胀压力。

随着发达国家将制造业转移到发展中国家，以及发展中国家工业化与城市化进程的加速，发展中国家对资源的需求量及在全球资源消耗的比例不断上升（表 2.7、表 2.8）。

表 2.7 世界部分商品消费增长（1979—2007 年）

年度	年消费量			
	铁矿石（亿吨）	铜（百万吨）	铝（百万吨）	原油（亿桶）
1970	7.7	7.3	10.0	171
2001	10.4	14.7	24.2	283
2007	20.0	18.1	38.0	314
年度	年均增长率（%）			
1970—2001	1.0	2.3	2.9	1.6
2001—2007	11.5	3.6	7.8	1.7

资料来源：世界铜、铝消费量来自 world metal statics（world bureau of metal statics），2007 年度数据来源于上海有色金属网转载的 2009 年 5 月 world bureau of metal statics 发布的数量，铁矿石数据为世界铁矿石产量，来自美国地理调查（US geological survey）。世界石油消费量数据来源于美国能源信息署（US energy information administration）。转引自卢锋等:《国际商品价格波动的中国因素——我国开放经济成长面临新问题》（北京大学中国经济研究中心讨论稿，NOC2009009）。

表 2.8 中国部分商品消费增长（1979—2007 年）

年度	年消费量			
	铁矿石（亿吨）	铜（百万吨）	铝（百万吨）	原油（亿桶）
1970	0.6	2.8	3.0	2
2001	3.1	23.1	34.9	18
2007	10.9	39.9	111.2	28
年度	年均增长率（%）			
1970—2001	5.2	7.0	8.2	6.9
2001—2007	34.4	9.6	21.3	7.4

资料来源：世界铜、铝消费量来自 world metal statics（world bureau of metal statics），2007 年度数据来源于上海有色金属网转载的 2009 年 5 月 world bureau of metal statics 发布的数量，铁矿石数据为世界铁矿石产量，来自美国地理调查（US geological survey）。世界石油消费量数据来源于美国能源信息署（US energy information administration）。转引自卢锋等:《国际商品价格波动的中国因素——我国开放经济成长面临新问题》（北京大学中国经济研究中心讨论稿，NOC2009009）。

① 如力拓、必和必拓、淡水河谷三家供应商形成全球铁矿石的垄断，70% 的石油由石油输出国组织（OPEC）垄断。

以中国为例，2007年铁矿石价格几乎上涨了90%。资源的稀缺性使资源供求缺口不断加大。在推动经济发展的能源中，绝大多数是煤炭、石油、天然气等不可再生能源，而可再生的水电、风能、太阳能等新能源所占比重较少，短期还无法成为能源供给的主力军。因此，在很长时期内，经济的发展仍然不得不依靠不可再生能源，而发展中国家的工业化与城市化过程还没有完成，还需要大量的资源（表2.9、表2.10）。

表2.9　全球城市化水平比较　（单位：%）

国家或地区＼年度	1960	1970	1980	1990	2000	2001	2002	2003	2004	2005	2006	2007
中国	16	17	20	27	36	37	38	39	39	40	41	42
巴西	45	56	67	75	81	82	82	83	84	84	85	85
印度	18	20	23	26	28	28	28	28	28	29	29	29
俄罗斯	54	62	70	73	73	73	73	73	73	73	73	73
世界平均	33	36	39	43	47	47	47	48	48	49	49	50

资料来源：世界银行世界发展指标数据。

表2.10　工业增加值占GDP的比重　（单位：%）

国家或地区＼年度	1960	1970	1980	1990	2000	2001	2002	2003	2004	2005	2006	2007
中国	45	40	49	42	46	45	45	46	46	48	48	—
巴西	37	38	44	39	28	27	27	28	30	30	31	31
印度	20	21	25	27	26	25	36	26	28	29	29	29
俄罗斯	—	—	—	48	38	36	34	34	35	39	38	39
世界平均	—	—	—	33	29	28	28	28	27	28	—	—

资料来源：世界银行世界发展指标数据。

这种现有的对不可再生资源高度依赖的经济发展模式在短期内无法有效调整，供求格局的失衡将使需求缺口不断加大，推动资源价格上涨，成为影响经济波动性的重要因素。石油价格于2008年7月升至147美元每桶就是明证。

第四节　虚拟经济、国际资本流动与全球通货膨胀

现代经济的发展，使经济系统逐渐划分为实体经济与虚拟经济两大领域。实体经济主要从事商品的生产与交换，虚拟经济则通过资本套利取得资本收益。实体经济在生产过程中获得财富增值，虚拟经济不参与财富创造而参与财富分配。

20 世纪 70 年代以来，随着布雷顿森林体系的崩溃，以及经济全球化与金融一体化进程的加速，各国纷纷放松金融管制，促进了金融创新与资本在全球流动的加速。据统计，全球专门从事资本套利的资金多达 1 万多亿美元。

国际资本的流动对影响全球物价水平的利率、汇率、大宗商品价格形成了很大的冲击。由于大宗商品价格不仅与资本流动相关，还与实体经济密切相关，充当了联系虚拟经济与实体经济的纽带。如 20 世纪 70 年代的两次石油危机就是国际投机资本通过投机原油价格，使原油价格暴涨，对世界经济造成巨大的冲击，形成了成本推进型通货膨胀。因此，国际资本通过参与大宗商品期货交易，造成其价格波动，与实体经济建立联系，成为影响通货膨胀的又一重要渠道。

通过对开放经济下全球通货膨胀成因的分析，我们可以得到以下结论：

（1）以美元为本位的国际货币体系存在内在的缺陷，导致美元发行缺乏固定的锚，使布雷顿森林体系后的美元过度发行成为常态。

（2）全球化背景下的分工范式使得美元在全球获得了更大范围的流通，加剧了全球通货膨胀。

（3）发展中国家的崛起加速了对资源的需求，导致国际大宗商品价格的上涨。

第五节　小结

本章梳理了全球通货膨胀的演变历程，根据开放经济下通货膨胀分析框架，将国际货币体系、全球新的分工范式纳入世界性通货膨胀的形成与国际传导分析框架中。研究发现，新一轮全球通货膨胀的形成是由三个因素共同作用的：一是现有的国际货币体系使美元的泛滥成为必然，为全球通货膨胀的形成提供了前提条件；二是新的分工范式下，大量的制造业转移到发展中国家，通过向发达国家出口获得了美元，形成美元的积累；三是虚拟经济的发展，使全球的资本流动增加，增加了外来的货币冲击力量。

第三章　开放经济下中国通货膨胀形成机理

改革开放是中国发展的新起点，是国民经济摆脱崩溃的边缘而重获新生的过程。随着改革开放的进行，我国经济的对外开放范围越来越大，开放度也越来越大。2001 年，随着我国加入世界贸易组织，外需对经济增长的贡献度越来越大，中国与世界经济的联系越来越紧密，中国经济受世界经济波动的影响也越来越大。因此，研究判断开放经济下通货膨胀的形成机理，不仅要考虑传统通货膨胀理论下的形成因素，还要考虑开放经济下国外因素形成的冲击，并考虑两类因素的结合点。

根据通货膨胀成因的相关理论，总体来看，通货膨胀的成因既有物价成因，也有货币成因，随着预期理论的发展，通货膨胀成因理论中又引入了预期因素，通货膨胀预期也成为影响通货膨胀的重要因素。因此，要分析开放经济下通货膨胀的形成机理，必须综合考虑各大因素的影响。我们认为开放经济背景下，建立分析通货膨胀成因的框架，需要综合考虑国内外物价、货币、预期等因素的冲击与影响。物价因素与总供求、全球分工范式、经济增长模式等因素密切相关。货币因素与货币政策、汇率制度、国际货币体系密切相关。预期因素则影响着资本流动。要全面弄清开放经济下通货膨胀的成因，必须全面把握各个因素对通货膨胀的影响。

通过上述对物价、货币、预期因素的分析，不难发现，研究开放经济下的通货膨胀，应建立一个包括物价、货币、预期因素共同作用的通货膨胀成因分析框架。根据上述分类，开放经济下通货膨胀的成因应重点研究总供求、货币政策、汇率制度等物价与货币等长期、短期冲击因素对通货膨胀造成的影响，同时在上述分析框架中考虑通货膨胀预期因素的影响。综合各个影响因素，共同确定开放经济下影响一国通货膨胀的因素及程度大小。

在分析成因的过程中，应坚持国际与国内因素相结合、长期与短期因素相结合的原则。

1. 国际与国内因素相结合

开放经济下影响通货膨胀的因素不仅有国际贸易、资本流动等国际因素，还包括国内货币发行、汇率制度、需求结构等国内因素。国际与国内因素共同作用，影响了开放经济体的通货膨胀水平。

2. 长期与短期因素相结合

开放经济下影响通货膨胀的因素有长期因素，也有短期因素。针对短期因素的冲击，可以采取短期政策应对；针对长期因素，需要与短期因素进行区分，采用产业政策与结构政策进行调整。短期因素的冲击更容易形成事实上的通货膨胀，而长期性影响因素形成的通货膨胀压力容易被忽视，所以往往重视了短期因素的影响，针对短期影响进行治理，而忽略了长期因素的影响。因此，在通货膨胀成因研究上，要研究长期因素，这样才能从根本上治理通货膨胀。

第一节　通货膨胀形成的物价因素

根据总需求与总供给模型，开放经济下通货膨胀形成的物价因素主要由总需求与总供给所共同决定。总需求部分包括投资、消费，总供给层主要分析供给弹性小的资源性产品与农产品形成的价格冲击。

一、需求冲击因素

在总需求三大构成中，无论是投资需求、消费需求，还是净出口，都是影响总需求构成的重要因素。如果一国对外开放度高，采取的是以出口为导向的经济增长方式，那么在经济增长的构成中，外需是其主要构成部分。净出口对该国经济贡献大，该国经济对外依存度偏高，受国外冲击与影响大；如果净出口对经济贡献小，经济对外依存度低，受国外冲击相应偏小。随着一国对外开放度的加强，该国受国外物价冲击的影响程度也越来越大，出口对经济的影响越来越大，这也导致经济运行的安全度降低。一个对外依存度过大的经济体受到外部冲击，必然会造成其经济运行的安全度降低，可能导致经济的通货膨胀或者急剧衰退。

此外，一国经济增长类型也会对通货膨胀水平产生直接影响。通过增加投资规模，扩大资源投入的数量型增长，随着投资规模的不断扩大，必然会增加对资源与要素的依赖性，最终导致因资源供应出现“瓶颈”而引起价格的持续上涨。相反，质量型增长注重提高对资源的配置效率与质量，通过提高劳动生产率与技术创新来取得增长，这样就避免了对资源的过度依赖而引发通货膨胀。

1. 消费需求

消费需求通过直接增加最终需求而增加总需求，对物价水平产生影响。

2. 投资需求

投资需求通过增加当期的中间需求增加总需求，而对物价总体水平产生影响。

3. 净出口需求

净出口需求主要取决于一国在开放经济下的国际贸易中取得的相对竞争优势。同时，净出口需求也受国际分工的影响。全球分工范式决定了一国参与国际贸易的方式，也决定了一国在全球分工中所处的地位。如果一国处于全球产业链的高端，那么相应地，该国对能源、原材料等需要在生产中耗费的物质资源的依赖程度低，受外部物价冲击的影响与可能也低。相反，如果一国处于全球产业链低端，尤其是从事低端制造业，那么该国对初级产品或者资源耗费相应就会增加，如果该国资源对外依存度高，那么该国受外部冲击的可能性也越大。

二、供给冲击因素

供给冲击表现在，需求增加时，由于结构性的供给不足，而引起部分商品价格的迅速上涨。根据各国通货膨胀发生的实际情况，结合中国通货膨胀的特点，影响供给冲击的主要产品是资源类产品（包含石油）与农产品。

1. 资源产品价格

发展中国家包括中国在内，经济高速增长，对能源以及原材料需求量增加，推动资源价格迅猛上升。我国目前正处于工业化和城市化的中期，对原油、铁矿石以及有色金属等大宗商品对外依存度增加，在我国对资源性产品缺乏定价权的情况下，通过进口商品价格迅速传导到国内，形成对通货膨胀的巨大压力。

2. 农产品价格

农产品价格是重要的物价冲击因素。尤其在发展中国家，由于农业发展水平低，人口众多，对粮食的刚性需求成为推动农产品不断增加供应的压力。然而与农产品需求的刚性相比，农产品供应的保障受到众多因素的制约，如农业气象条件、农业水利设施、水资源、耕种面积、农业生产技术水平等因素。此外，开放经济下的农产品价格还受国际上的供给、投机因素的影响。因此，考察农产品的价格对通货膨胀的影响，主要需综合考虑国际国内因素的共同影响。

从上述物价冲击因素分析来看，需求层面的冲击主要取决于投资、消费、净出口三大需求分别形成的冲击。而供给层面的冲击主要取决于农产品与资源类大宗商品价格的冲击。

第二节　开放经济下中国总需求结构演进与通货膨胀

改革开放是我国从封闭经济走向开放经济，国民经济从处于崩溃边缘走向大发展的一个伟大的历史进程。改革开放以来，我国经济取得了翻天覆地的变化，经济总量、经济结构、人均收入、外汇储备等指标均有大幅度增长。从经济总量看，我国已经成长为第二大经济体。但我国在改革中出现了需求中的结构失衡，内需萎缩，经济增长中过度依赖投资与净出口，导致经济增长方式粗放，消费率偏低，投资率居高不下，外需与投资过度膨胀，对我国通货膨胀形成了持续的压力。因此考虑开放经济下通货膨胀的形成机理，首先应该考虑总需求结构的构成、演进及其对通货膨胀的影响。

一、中国经济增长与产业结构演变

改革开放以来，中国创造了世界经济发展史上的奇迹。1978—2014 年，我国国内生产总值从 1978 年的 3 645.2 亿元增加到 2014 年的 636 463.0 亿元，增长了 174.6 倍；人均国内生产总值从 1978 年的 381 元增加到 2014 年的 46 531 元，增加了 121.1 倍（表 3.1）。

表 3.1　我国国内生产总值及构成

年份	国民总收入（亿元）	GDP 增速（%）	国内生产总值（亿元）	第一产业（亿元）	第二产业（亿元）	第三产业（亿元）	人均国内生产总值（元）
1978	3 645.2	11.7	3 645.2	1 027.5	1 745.2	872.5	381
1979	4 062.6	7.6	4 062.6	1 270.2	1 913.5	878.9	419
1980	4 545.6	7.8	4 545.6	1 371.6	2 192.0	982.0	463
1981	4 889.5	5.2	4 891.6	1 559.5	2 255.5	1 076.6	492
1982	5 330.5	9.1	5 323.4	1 777.4	2 383.0	1 163.0	528

续表

年份	国民总收入（亿元）	GDP 增速（%）	国内生产总值（亿元）	第一产业（亿元）	第二产业（亿元）	第三产业（亿元）	人均国内生产总值（元）
1983	5 985.6	10.9	5 962.7	1 978.4	2 646.2	1 338.1	583
1984	7 243.8	15.2	7 208.1	2 316.1	3 105.7	1 786.3	695
1985	9 040.7	13.5	9 016.0	2 564.4	3 866.6	2 585.0	858
1986	10 274.4	8.8	10 275.2	2 788.7	4 492.7	2 993.8	963
1987	12 050.6	11.6	12 058.6	3 233.0	5 251.6	3 574.0	1 112
1988	15 036.8	11.3	15 042.8	3 865.4	6 587.2	4 590.3	1 366
1989	17 000.9	4.1	16 992.3	4 265.9	7 278.0	5 448.4	1 519
1990	18 718.3	3.8	18 667.8	5 062.0	7 717.4	5 888.4	1 644
1991	21 826.2	9.2	21 781.5	5 342.2	9 102.2	7 337.1	1 893
1992	26 937.3	14.2	26 923.5	5 866.6	11 699.5	9 357.4	2 311
1993	35 260.0	14.0	35 333.9	6 963.8	16 454.4	11 915.7	2 998
1994	48 108.5	13.1	48 197.9	9 572.7	22 445.4	16 179.8	4 044
1995	59 810.5	10.9	60 793.7	12 135.8	28 679.5	19 978.5	5 046
1996	70 142.5	10.0	71 176.6	14 015.4	33 835.0	23 326.2	5 846
1997	78 060.8	9.3	78 973.0	14 441.9	37 543.0	26 988.1	6 420
1998	83 024.3	7.8	84 402.3	14 817.6	39 004.2	30 580.5	6 796
1999	88 479.2	7.6	89 677.1	14 770.0	41 033.6	33 873.4	7 159
2000	98 000.5	8.4	99 214.6	14 944.7	45 555.9	38 714.0	7 858
2001	108 068.2	8.3	109 655.2	15 781.3	49 512.3	44 361.6	8 622
2002	119 095.7	9.1	120 332.7	16 537.0	53 896.8	49 898.9	9 398
2003	135 174.0	10.0	135 822.8	17 381.7	62 436.3	56 004.7	10 542
2004	159 586.7	10.1	159 878.3	21 412.7	73 904.3	64 561.3	12 336
2005	184 088.6	10.4	183 217.4	22 420.0	87 364.6	73 432.9	14 053
2006	213 131.7	11.6	211 923.5	24 040.0	103 162.0	84 721.4	16 165
2007	259 258.9	13.0	257 305.6	28 627.0	124 799.0	103 879.6	19 524
2008	302 853.4	9.0	300 670.0	34 000.0	146 183.4	120 486.6	22 698
2009	340 320.0	9.2	340 902.8	35 226.0	157 638.8	148 038.0	25 608
2010	399 759.5	10.4	401 512.8	40 533.6	187 383.2	173 596.0	30 015
2011	468 562.4	9.3	473 104.0	47 486.2	220 412.8	205 205.0	35 198
2012	518 214.7	7.7	519 470.1	52 373.6	235 162.0	231 934.5	38 459
2013	566 130.2	7.7	568 845.2	56 957.0	249 684.4	262 203.8	41 980
2014	636 463.0	7.4	636 463.0	58 332.0	271 392.0	306 739.0	46 531

资料来源：《中国统计年鉴 2014》。

我国经济快速增长的同时，经济结构也不断得到优化。1978 年，我国第一、第二、第三产业的比例为 28.2∶47.9∶23.9；2008 年，这一比例为 11.3∶48.6∶40.1；2014 年，这一比例为 9.2∶42.6∶48.2（表 3.2）。我国产业结构得到了大幅度优化，农业比重大幅度降低，服务业作为我国经济增长点，比重迅速增加。但与发达国家相比，我国经济结构仍然有待优化。

从农业看，我国仍然是发展中国家，作为第一产业的农业仍然肩负着解决基本温饱与为工业提供原材料的任务，我国人多地少的国情决定了我们仍然要稳定农业的基础地位，确保粮食供应安全，防止我国发展过程中出现农产品供应不足，物价失控，从而形成恶性通货膨胀。作为发展中国家，稳定农业发展既是国民经济发展的基础，更是稳定物价、防范通货膨胀的首要任务。我国在改革开放中逐渐解决了人口的温饱问题，并逐渐提高了农业劳动生产率，为工业发展提供了大量原材料，同时大量务农人口从农业中解放出来，成为充实工业发展的生力军。但是，农业生产仍然必须保持稳定的增长，毕竟我国是发展中国家，维持农业稳定仍然是头等重要的大事，只有保持农业稳定，才能减少农业的对外依存，保持农产品价格稳定，避免因农产品价格波动对我国物价形成冲击。

从工业看，我国仍然处于工业化中期。根据《中国工业化报告（2009）——15 个重点工业行业现代化水平的评价与研究》提供的数据，我国除北京、上海两地进入后工业化阶段以外，其余地区大多数处于工业化中后期。2016 年我国的城市化率仅为 57.35%，也处于快速发展时期。工业化与城市化的快速发展，必然使我国的固定资产投资长期处于旺盛状态，增加总需求，增加通货膨胀压力。从我国产业的构成中不难发现，第二产业在国内生产总值构成中，比例一般稳定在 45% 左右。

第三产业成长较为迅速。从 1978 年的 23.9% 上升到 2014 年的 48.2%，使得三种产业的结构逐渐趋向于合理。

表 3.2　我国国内生产总值构成比例　（单位：%）

年份	国内生产总值	第一产业	第二产业	第三产业
1978	100.0	28.2	47.9	23.9
1979	100.0	31.3	47.1	21.6
1980	100.0	30.2	48.2	21.6
1981	100.0	31.9	46.1	22.0
1982	100.0	33.4	44.8	21.8
1983	100.0	33.2	44.4	22.4
1984	100.0	32.1	43.1	24.8

续表

年份	国内生产总值	第一产业	第二产业	第三产业
1985	100.0	28.4	42.9	28.7
1986	100.0	27.2	43.7	29.1
1987	100.0	26.8	43.6	29.6
1988	100.0	25.7	43.8	30.5
1989	100.0	25.1	42.8	32.1
1990	100.0	27.1	41.3	31.6
1991	100.0	24.5	41.8	33.7
1992	100.0	21.8	43.4	34.8
1993	100.0	19.7	46.6	33.7
1994	100.0	19.8	46.6	33.6
1995	100.0	19.9	47.2	32.9
1996	100.0	19.7	47.5	32.8
1997	100.0	18.3	47.5	34.2
1998	100.0	17.6	46.2	36.2
1999	100.0	16.5	45.8	37.7
2000	100.0	15.1	45.9	39.0
2001	100.0	14.4	45.1	40.5
2002	100.0	13.7	44.8	41.5
2003	100.0	12.8	46.0	41.2
2004	100.0	13.4	46.2	40.4
2005	100.0	12.2	47.7	40.1
2006	100.0	11.3	48.7	40.0
2007	100.0	11.1	48.5	40.4
2008	100.0	11.3	48.6	40.1
2009	100.0	10.3	46.2	43.4
2010	100.0	10.1	46.7	43.2
2011	100.0	10.0	46.6	43.4
2012	100.0	10.1	45.3	44.6
2013	100.0	10.0	43.9	46.1
2014	100.0	9.2	42.6	48.2

资料来源:《中国统计年鉴 2015》。

二、三大需求对经济增长贡献的演变

在开放经济状态下，国际贸易与资本流动两大渠道使我国经济与世界经济联系紧密。一方面，经济运行受外部因素影响，形成对通货膨胀的影响与冲击；另一方面，内需的变动也通过总需求结构的变动影响物价水平。因此，分析开放经济状态下的总需求变化应该从消费、投资、净出口三个方面分别分析。

根据总需求总供给模型，总需求的组成包括消费、投资与净出口，每部分的构成比例不同，对总需求的影响也差距巨大。总体来看，在三大需求中，消费需求未能成为拉动总需求的主要因素。相反，投资与净出口则成为影响总需求的主要因素。

从投资需求来看，按照支出法计算，我国的投资率总体上仍然保持不断上升的趋势，从 1978 年的 38.2% 上升到 2013 年的 47.8%。而消费率从 1978 年的 62.1% 下降到 2013 年的 49.8%。从时间段上看，我国消费率的下降从 1998 年后较为明显。从 1998 年开始，我国开始告别短缺经济时代，出现了产能过剩、有效需求不足的现象。[①]1998—2003 年出现了通货紧缩。进入 21 世纪以来，净出口与投资成为我国经济增长的主要动力。货物和服务进出口总值从 2000 年的 2 390.2 亿元增加到了 2013 年的 14 151.3 亿元；而投资率则从 2000 年的 35.3% 增加到了 2013 年的 47.8%。出口与投资在 2000 年以来对经济增长的贡献比例不断增加，成为我国经济增长的主要动力，也对我国总需求结构产生了深远的影响，从根本上影响了我国的通货膨胀（表 3.3）。

表 3.3　按支出法形成的中国国内生产总值

年份	国内生产总值（亿元）	最终消费支出（亿元）	资本形成总额（亿元）	货物和服务进出口（亿元）	投资率（%）	消费率（%）
1978	3 605.6	2 239.1	1 377.9	−11.4	38.2	62.1
1979	4 092.6	2 633.7	1 478.9	−20.0	36.1	64.4
1980	4 592.9	3 007.9	1 599.7	−14.7	34.8	65.5
1981	5 008.8	3 361.5	1 630.2	17.1	32.5	67.1
1982	5 590.0	3 714.8	1 784.2	91.0	31.9	66.5
1983	6 216.2	4 126.4	2 039.0	50.8	32.8	66.4
1984	7 362.7	4 846.3	2 515.1	1.3	34.2	65.8
1985	9 076.7	5 986.3	3 457.5	−367.1	38.1	66.0
1986	10 508.5	6 821.8	3 941.9	−255.2	37.5	64.9

① 见商务部 1998 年价格调查报告。

续表

年份	国内生产总值（亿元）	最终消费支出（亿元）	资本形成总额（亿元）	货物和服务进出口（亿元）	投资率（%）	消费率（%）
1987	12 277.4	7 804.6	4 462.0	10.8	36.3	63.6
1988	15 388.6	9 839.5	5 700.2	−151.1	37.0	63.9
1989	17 311.3	11 164.2	6 332.7	−185.6	36.6	64.5
1990	19 347.8	12 090.5	6 747.0	510.3	34.9	62.5
1991	22 577.4	14 091.9	7 868.0	617.5	34.8	62.4
1992	27 565.2	17 203.3	10 086.3	275.6	36.6	62.4
1993	36 938.1	21 899.9	15 717.7	−679.5	42.6	59.3
1994	50 217.4	29 242.2	20 341.1	634.1	40.5	58.2
1995	63 216.9	36 748.2	25 470.1	998.6	40.3	58.1
1996	74 163.6	43 919.5	28 784.9	1 459.2	38.8	59.2
1997	81 658.5	48 140.6	29 968.0	3 549.9	36.7	59.0
1998	86 531.6	51 588.2	31 314.2	3 629.2	36.2	59.6
1999	91 125.0	55 636.9	32 951.5	2 536.6	36.2	61.1
2000	98 749.0	61 516.0	34 842.8	2 390.2	35.3	62.3
2001	108 972.4	66 878.3	39 769.4	2 324.7	36.5	61.4
2002	120 350.3	71 691.2	45 565.0	3 094.1	37.9	59.6
2003	136 398.8	77 449.5	55 963.0	2 986.3	41.0	56.8
2004	160 280.4	87 032.9	69 168.4	4 079.1	43.2	54.3
2005	188 692.1	97 822.7	80 646.3	10 223.1	42.7	51.8
2006	221 651.3	110 595.3	94 402.0	16 654.0	42.6	49.9
2007	263 093.8	128 793.8	110 919.4	23 380.6	42.2	49.0
2008	306 859.8	149 112.6	133 612.3	24 134.9	43.5	48.6
2009	348 775.1	169 274.8	164 463.2	15 037.0	47.2	48.5
2010	402 816.5	194 115.0	193 603.9	15 097.6	48.1	48.2
2011	472 619.2	232 111.5	228 344.3	12 163.3	48.3	49.1
2012	529 399.2	261 993.6	252 773.2	14 632.4	47.7	49.5
2013	586 673.0	292 165.6	280 356.1	14 151.3	47.8	49.8

资料来源:《中国统计年鉴 2014》。

从三大需求对国民经济的贡献率来看，消费对国民经济的贡献率从 2000 年的 65.1% 萎缩到 2013 年的 50.0%，而资本形成额的贡献率从 2000 年的 22.4% 恢复到了 2013 年的 54.4%，净出口对经济增长的贡献率在 2008 年达到了 9.2%（表 3.4）。

表 3.4　中国三大需求对经济增长的贡献率　　（单位：%）

年份	最终消费支出		资本形成总额		货物和服务净出口	
	拉动	贡献率	拉动	贡献率	拉动	贡献率
1978	39.4	4.6	66.0	7.7	–5.4	–0.6
1979	87.3	6.6	15.4	1.2	–2.7	–0.2
1980	71.8	5.6	26.5	2.1	1.8	0.1
1981	93.4	4.9	–4.3	–0.2	10.9	0.5
1982	64.7	5.9	23.8	2.2	11.5	1.0
1983	74.1	8.1	40.4	4.4	–14.5	–1.6
1984	69.3	10.5	40.5	6.2	–9.8	–1.5
1985	85.5	11.5	80.9	10.9	–66.4	–8.9
1986	45.0	4.0	23.2	2.0	31.8	2.8
1987	50.3	5.8	23.5	2.7	26.2	3.1
1988	49.6	5.6	39.4	4.5	11.0	1.2
1989	39.6	1.6	16.4	0.7	44.0	1.8
1990	47.8	1.8	1.8	0.1	50.4	1.9
1991	65.1	6.0	24.3	2.2	10.6	1.0
1992	72.5	10.3	34.2	4.9	–6.8	–1.0
1993	59.5	8.3	78.6	11.0	–38.1	–5.3
1994	30.2	4.0	43.8	5.7	26.0	3.4
1995	44.7	4.9	55.0	6.0	0.3	—
1996	60.1	6.0	34.3	3.4	5.6	0.6
1997	37.0	3.4	18.6	1.7	44.4	4.2
1998	57.1	4.4	26.4	2.1	16.5	1.3
1999	74.7	5.7	23.7	1.8	1.6	0.1
2000	65.1	5.5	22.4	1.9	12.5	1.0
2001	50.0	4.1	50.1	4.2	–0.1	0.0
2002	43.6	4.0	48.8	4.4	7.6	0.7
2003	35.3	3.5	63.7	6.4	1.0	0.1
2004	38.7	3.9	55.3	5.6	6.0	0.6
2005	38.2	4.0	37.7	3.9	24.1	2.5
2006	38.7	4.5	42.0	4.9	19.3	2.2
2007	40.6	5.3	39.7	5.1	19.7	2.6
2008	45.7	4.1	45.1	4.1	9.2	0.8
2009	49.8	4.6	87.6	8.1	–37.4	–3.5
2010	43.1	4.5	52.9	5.5	4.0	0.6
2011	56.5	5.3	47.7	4.4	–4.2	–0.4
2012	55.1	4.2	47.0	3.6	–2.1	–0.1
2013	50.0	3.9	54.4	4.2	–4.4	–0.3

资料来源：《中国统计年鉴 2014》。

说明：1. 三大需求指支出法国内生产总值的三大构成项目，即最终消费支出、资本形成总额、货物和服务净出口。

2. 贡献率指三大需求增量与支出法国内生产总值增量之比。

3. 拉动指国内生产总值增长速度与三大需求贡献率的乘积。

从最终消费构成来看，我国居民消费所占比重从1978年的78.6%下降到2013年的72.6%，而政府消费从1978年的21.4%上升到2013年的27.4%（表3.5）。消费是收入的函数，居民消费的萎缩是我国国民收入分配发生重大转变的体现，消费不足的背后是收入水平的下降，即更多收入分配向政府与资本分配倾斜，而居民的总体收入比重降低了。2008年我国居民工资性收入仅仅占国民收入的20%，与美国等发达国家50%的水平相比，有着非常大的差距，收入水平的低下，必定造成我国消费需求长期难以得到提振。

从时段上看，我国居民消费与政府消费构成比例大多稳定在77：23，从1998年开始，我国居民消费比例从76.0%下降到2013年的72.6%，而同期政府的消费比例从24.0%上升到27.4%（表3.5）。政府与居民收入分配的失衡，使我国居民有效消费更加不足，为保持经济增长，只有更加依赖投资与净出口对经济增长的拉动作用，这样一来，投资与净出口成为总需求中影响通货膨胀的重要因素。加入世界贸易组织以来，我国外贸出口增幅连年超过20%，而投资率不断攀升，二者共同成为影响通货膨胀的主要因素。

表3.5　中国最终消费构成比例　（单位：%）

年份	居民	政府	年份	居民	政府
1978	78.6	21.4	1996	77.3	22.7
1979	76.4	23.6	1997	76.7	23.3
1980	77.5	22.5	1998	76.0	24.0
1981	78.2	21.8	1999	75.3	24.7
1982	78.1	21.9	2000	74.5	25.5
1983	78.3	21.7	2001	73.6	26.4
1984	77.2	22.8	2002	73.3	26.7
1985	78.3	21.7	2003	73.4	26.6
1986	77.7	22.3	2004	73.3	26.7
1987	78.5	21.5	2005	72.8	27.2
1988	80.0	20.0	2006	72.8	27.2
1989	78.9	21.1	2007	72.7	27.3
1990	78.2	21.8	2008	72.7	27.3
1991	76.1	23.9	2009	73.0	27.0
1992	75.6	24.4	2010	72.5	27.5
1993	74.9	25.1	2011	72.8	27.2
1994	74.7	25.3	2012	72.7	27.3
1995	77.2	22.8	2013	72.6	27.4

资料来源：《中国统计年鉴2014》。

三、总需求结构失衡与通货膨胀

从推动我国经济增长的动力分析，我国经济增长的动力依次为净出口、投资、消费，三者的结构变化影响着我国经济增长，通过总需求结构变动影响物价水平。通货膨胀本质上也是一种宏观总供求的失衡，即总需求大于总供给。因此，供求结构的失衡对通货膨胀影响巨大。

中国经济有效消费需求的不足和总需求结构的失衡，使我国不得不通过投资与出口来消化大量的过剩产能。根据国民收入等式，内需的不足使得过剩产能不得不通过外需来消化，通过压低工资与要素价格取得出口优势，通过增加投资带动基本建设，增加对钢铁、水泥等大宗商品的消费，在投资与净出口带动下实现经济增长。然而，这样的增长模式人为地延长了外延式增长的寿命，增加了总需求，造成了通货膨胀压力。

（一）消费的变动及影响

1. 我国消费率变动情况

消费是拉动经济增长最持续的动力。一般来说，消费需求是终端需求，消费需求的增长是持续的，也是相对稳定的。而投资作为中间需求，尽管也有拉动经济的作用，但投资具有当期形成中间消费需求、建成后形成新的供给的特点。因此，要实现国民经济的持续健康发展，投资与消费需要保持合理与适度的比例。投资与消费如果出现结构失衡，将意味着产能过剩、投资效率低下与资源的浪费。特别是如果出现投资与消费的此消彼长，投资长期膨胀，消费持续萎缩，将导致消费的持续低迷，而投资的过度膨胀将导致需求的过度膨胀，成为引发通货膨胀的根源。

改革开放以来，我国的消费率呈现稳定下降趋势（表 3.6）。值得注意的是，从 2001 年开始，我国消费率出现迅速下降，从 2001 年的 61.4% 下降到 2014 年的 51.2%，而同期，进出口成为我国经济增长的主要动力，并在宏观经济增长中扮演越来越重要的角色。

表 3.6　1978—2014 年我国消费率变化情况

年份	消费率（%）	年份	消费率（%）
1978	62.1	1984	65.8
1979	64.4	1985	66.0
1980	65.5	1986	64.9
1981	67.1	1987	63.6
1982	66.5	1988	63.9
1983	66.4	1989	64.5

续表

年份	消费率（%）	年份	消费率（%）
1990	62.5	2003	56.8
1991	62.4	2004	54.3
1992	62.4	2005	51.8
1993	59.3	2006	49.9
1994	58.2	2007	48.8
1995	58.1	2008	45.7
1996	59.2	2009	48.6
1997	59.0	2010	48.5
1998	59.6	2011	48.2
1999	61.1	2012	49.1
2000	62.3	2013	49.5
2001	61.4	2014	51.2
2002	59.6	—	—

资料来源:《中国统计年鉴 2014》。

说明：消费率 = 最终消费 /GDP × 100%。

2. 我国居民消费率与世界水平的比较

我国居民消费率与国外平均水平相比普遍偏低。我国居民的消费率在主要年份不仅低于世界平均水平，低于美国、日本等发达国家，也低于印度、俄罗斯等国（表 3.7）。

表 3.7　世界主要发达国家与发展中国家的居民消费率　（单位：%）

国家	1990 年	2000 年	2005 年	2010 年	2012 年	2013 年
中国	47.0	46.7	38.1	34.7	34.8	34.1
印度	64.6	64.2	57.6	56.4	60.3	61.8
日本	53.3	56.5	57.8	59.3	60.7	—
韩国	55.3	47.7	50.2	50.3	52.2	52.0
新加坡	44.8	42.1	38.6	35.5	37.8	37.7
加拿大	55.8	54.6	54.1	56.5	55.7	55.6
美国	64.0	66.1	67.1	68.2	68.6	—
法国	57.5	56.2	56.9	58.1	57.7	57.5
德国	57.7	58.4	58.8	57.5	57.5	57.5
俄罗斯	48.9	46.2	49.4	50.6	49.1	52.0
英国	62.1	65.6	64.7	64.5	65.4	65.7
澳大利亚	55.8	58.0	57.8	55.4	53.8	54.9
新西兰	60.7	58.7	58.9	58.4	59.6	—

资料来源:《国际统计年鉴 2014》。

说明：我国的消费率与《中国统计年鉴 2014》的数据一致，为便于统一引用数据来源的口径，在此不对数据进行改动。空格为《国际统计年鉴 2014》缺失数据。

3. 我国消费率偏低的原因

根据凯恩斯主义消费理论①，消费决定于收入的边际消费倾向。其中，收入水平是决定消费水平的决定性因素。这样一来，消费率就与收入分配息息相关。根据相关研究，我国消费的中坚力量是中等收入人群，然而由于我国贫富分化的程度加大，收入分配不仅在不同部门分配的差距加大，在相同群体的内部分配差距也在加大。

总的来看，我国收入分配呈现以下几个特点：

第一，我国的收入分配总体不平等程度增加。总的来说，我国的基尼系数②（表 3.8）在不断增加，2007 年已高达 0.469，表明社会收入分配已经到了严重失衡的地步。

表 3.8　2007 年全球部分国家的基尼系数

国家	基尼系数	国家	基尼系数
日本	0.249	新加坡	0.425
瑞典	0.250	伊朗	0.439
德国	0.283	土耳其	0.436
美国	0.408	墨西哥	0.461
荷兰	0.309	中国	0.469
芬兰	0.269	—	—

资料来源：联合国统计署 2009 年全球经济统计报告。

与世界各国相比，我国的基尼系数非常高，远远超过绝大多数发达国家，也超过伊朗等发展中国家。我国的基尼系数居高不下，不仅使我国多年来一直致力于拉动内需的经济发展战略无法奏效，也使我国经济结构无法得到调整。

第二，从总体分配看，政府与企业分配的比重越来越大，而个人分配比重越来越小。政府分配比重增加，使政府投资在经济增长中的比例不断加大，而个人的分配比例总体

① 凯恩斯主义消费理论是凯恩斯在《就业、利息和货币通论》一书中提出的：总消费是总收入的函数。这一思想用线性函数形式表示为：$C_t = a + b + Y_t$。式中 C 表示总消费，Y 表示总收入，下标 t 表示时期；a、b 为参数。参数 b 称为边际消费倾向，其值介于 0 与 1 之间。凯恩斯的这个消费函数仅仅以收入来解释消费，被称为绝对收入假说。这一假说过于简单粗略，用于预测时误差较大。

② 基尼系数（Gini Coefficient）是意大利经济学家基尼（Corrado Gini，1884—1965）于 1912 年提出的，用于定量测定收入分配差异程度，是国际上用来综合考察居民内部收入分配差异状况的一个重要分析指标。基尼系数的经济含义是：在全部居民收入中，用于进行不平均分配的那部分收入占总收入的百分比。基尼系数最大为“1”，最小为“0”。前者表示居民之间的收入分配绝对不平均，即 100% 的收入被一个单位的人全部占有了；而后者则表示居民之间的收入分配绝对平均，即人与人之间收入完全平等，没有任何差异。但这两种情况只是在理论上的绝对化形式，在实际生活中一般不会出现。因此，基尼系数的实际数值只能介于 0~1。目前，国际上用来分析和反映居民收入分配差距的方法和指标很多。基尼系数由于给出了反映居民之间贫富差异程度的数量界线，可以较客观、直观地反映和监测居民之间的贫富差距，预报、预警和防止居民之间出现贫富两极分化，因此得到世界各国的广泛认同和普遍采用。

减少，使得要靠消费拉动的第三产业一直无法获得大的增长，使这一能够大量解决就业的产业发展遭遇收入分配的瓶颈。

第三,从内部收入结构看,居民间的收入分配也出现了大的差距。根据“二八”定律，我国 20% 的家庭占有 80% 的财富。而研究表明，高收入阶层的消费需求主要体现在高档消费品与奢侈品上，而一般消费品种的消费人群主要为中等收入家庭，随着收入向高收入家庭流动，中低收入家庭消费能力削弱，普通消费品的消费难以迅速增加，我国消费总体来看难有大的增长。

4. 消费率低的影响

消费率低对宏观经济运行产生了以下影响：

长期困扰我国的就业问题不仅没有缓解，反而越来越突出。由于收入分配的分化，第三产业得不到发展，导致收入分配更加悬殊，就业问题更加突出。我国的就业问题已经扩大到众多群体，包括刚刚毕业的大学生，贫困人口也越来越多。因此，尽管我国经济增长迅速，然而从微观角度看，由于收入分配的失衡，不仅消费无法成为调整我国经济结构的手段，反而不断拖后腿，使我国经济不得不过度依赖投资与出口，经济失衡程度进一步增加。

（二）我国投资率及变化

投资率是一国投资在该国国内生产总值（GDP）中的比重。[①] 根据雷辉对我国 1978—2007 年的投资率计算（表 3.9），我国投资率总体呈现不断上升的趋势，尤其是 2000 年以来，呈现加速上升趋势，这一过程与消费率不断降低形成此长彼消的关系。

表 3.9　改革开放以来我国按照不同口径计算的投资率

年份	生产法（亿元）	全社会固定资产投资额（亿元）	投资率 1（%）	支出法（亿元）	资本形成总额（亿元）	投资率 2（%）	其中：固定资本形成总额（亿元）	投资率 3（%）
1978	3 645.2	—	—	3 605.6	1 277.9	38.2	1 073.9	29.8
1979	4 062.6	—	—	4 092.6	1 478.9	36.1	1 153.1	28.2
1980	4 545.6	910.9	20.0	4 592.9	1 599.7	34.8	1 322.4	28.8
1981	4 891.6	961.0	19.6	5 008.8	1 630.2	2.5	1 339.3	26.7
1982	5 323.4	1 230.4	23.1	5 590.0	1 784.2	31.9	1 503.2	26.9
1983	5 962.7	1 430.1	24.0	6 216.2	2 039.0	32.8	1 723.3	27.7

① 根据我国的统计方法，投资率有三种计算方式，分别为按照生产额、固定资产形成额与按照支出法计算，其中，前两种为我国的计算方式，支出法为国际通用计算方式。

续表

年份	生产法（亿元）	全社会固定资产投资额（亿元）	投资率1（%）	支出法（亿元）	资本形成总额（亿元）	投资率2（%）	其中：固定资本形成总额（亿元）	投资率3（%）
1984	7 208.1	1 832.9	25.4	7 362.7	2 515.1	34.2	2 147.0	29.2
1985	9 016.0	2 543.2	28.2	9 076.7	3 457.5	38.1	2 672.0	29.4
1986	10 275.2	3 120.6	30.4	10 508.5	2 941.9	37.5	3 139.7	29.9
1987	12 058.6	3 791.7	31.4	12 277.4	4 462.0	36.3	3 798.7	30.9
1988	15 042.8	4 753.9	31.6	15 388.6	5 700.2	37.0	4 701.9	30.6
1989	16 992.3	4 410.4	26.0	17 311.3	6 332.7	36.6	4 419.4	26.6
1990	18 667.8	4 517.0	24.2	19 347.8	6 747.0	34.9	4 827.8	25.0
1991	21 781.5	5 594.5	25.7	22 577.4	7 868.0	34.8	6 070.3	26.9
1992	26 923.5	8 080.1	30.0	27 565.2	10 086.3	36.6	8 513.7	30.9
1993	35 333.9	13 072.3	37.0	36 938.1	15 717.7	42.6	13 309.2	36.0
1994	48 197.9	17 042.1	35.4	50 217.4	20 341.1	40.5	17 312.7	34.5
1995	60 793.7	20 019.3	32.9	63 216.9	25 470.1	40.3	20 885.0	33.0
1996	71 176.6	22 913.5	32.2	74 163.6	28 784.9	38.8	24 048.1	32.4
1997	78 973.0	24 941.1	31.6	81 658.5	29 968.0	36.7	25 965.0	31.8
1998	84 402.3	28 406.2	33.7	86 531.6	31 341.2	36.2	28 569.0	33.0
1999	89 677.1	29 854.7	33.3	91 125.0	32 951.5	36.2	30 527.3	33.5
2000	99 214.6	32 917.7	33.2	98 749.0	34 842.8	35.3	33 844.4	34.3
2001	109 655.2	37 213.5	33.9	108 972.4	39 769.4	36.5	37 754.5	34.6
2002	120 332.7	43 499.9	36.1	120 350.3	45 565.0	37.9	43 632.1	36.3
2003	135 822.8	55 566.6	40.9	136 398.8	55 965.0	41.0	53 490.7	39.2
2004	159 878.3	70 477.4	44.1	162 280.4	69 168.4	43.2	65 117.7	40.6
2005	183 217.4	88 773.6	48.5	188 692.1	80 646.3	42.7	77 304.9	41.0
2006	211 923.5	109 998.2	51.9	221 651.3	94 402.0	42.6	90 150.9	40.8
2007	249 529.9	137 323.9	55.0	263 242.5	111 417.4	42.3	105 221.3	40.0

资料来源：《中国统计年鉴 2008》，投资率 1 及投资率 3 由计算得到。

说明：投资率 1= 全社会固定资产投资额 /GDP（生产法）× 100%；

投资率 2= 资本形成总额 /GDP（支出法）× 100%；

投资率 3= 固定资本形成总额 /GDP（支出法）× 100%；

空格为《中国统计年鉴 2008》缺失数据。

2005 年全球平均投资率为 23.2%，美国、日本等发达国家分别为 23.2%、22.5%，与中国同为新兴经济体的印度，其投资率为 34.3%，而中国的投资率高达 42.1%（表 3.10）。

一般来说，工业化进程中的投资率偏高，有合理的一面，但投资与消费的过度失衡导致了当期的需求过热，就会引发通货膨胀。

表 3.10 世界主要发达国家与发展中国家的投资率 （单位：%）

国家或地区	1990 年	2000 年	2005 年	2010 年	2012 年	2013 年
世界	24.6	23.4	23.2	21.6	21.8	—
高收入国家	24.1	23.0	22.1	19.6	19.8	—
中等收入国家	27.1	25.0	28.5	31.2	31.5	31.1
中低收入国家	26.9	24.9	28.3	31.1	31.4	31.1
南亚	23.7	23.4	31.7	33.2	31.9	28.1
中国	36.1	35.1	42.1	48.2	48.7	49.3
印度	24.9	24.1	34.3	36.5	34.7	30.0
日本	32.5	25.1	22.5	19.8	20.8	—
韩国	34.8	32.9	32.2	32.0	31.0	29.0
新加坡	35.6	34.9	21.4	27.9	30.4	29.1
南非	17.7	15.9	18.0	19.1	19.4	19.4
美国	21.5	23.6	23.2	18.4	19.1	—
法国	21.7	19.9	20.0	19.3	19.8	19.6
德国	23.2	22.3	17.3	17.3	17.3	17.0
俄罗斯	30.1	18.7	20.1	22.6	24.5	22.6
西班牙	26.1	26.3	29.5	22.8	19.8	18.3
英国	20.1	17.9	17.1	15.0	14.9	14.6
澳大利亚	29.0	26.4	27.5	27.6	28.6	28.6
新西兰	19.6	21.2	24.5	19.2	20.1	—

资料来源：《国际统计年鉴 2014》。

说明：我国的投资率与《中国统计年鉴 2014》的数据一致，为便于统一引用数据来源的口径，在此不对数据进行改动。空格为《国际统计年鉴 2014》缺失数据。

投资比重过高，必然导致对原材料的需求迅速膨胀。在计划经济体制下，我国的土地、矿山、水等资源产品价格受国家管制，商品价格无法对投资行为进行约束，而国有企业与政府机构在投资过程中存在的软预算约束也导致投资需求的过度膨胀。随着我国加入世界贸易组织，要素价格逐渐与国际接轨，面临要素价格的重估，即要素的全面涨价，过去靠廉价资源发展的粗放式模式日渐式微，要素价格推动价格上涨形成成本推进型通货膨胀。因此，我国在经济增长上形成的对投资和净出口的高度依赖正形成对我国物价长期冲击的影响因素。从改革开放以来的历次通货膨胀来看，固定资产投资规模过大，是引发经济过热，推动通货膨胀形成的核心因素。在我国经济发展总量有限、固定资产投资规模尚未影响我国对全球资源的过高依存时，大量的资源性产品价格并没有完全市场化，固定资产投资过热引起的冲击尚不会引发因进口资源而引起的物价冲击。但是，随着我国城市化与工业化进程的加速，经济规模与投资总量迅速膨胀，资源大量对外依存的格局形成，在市场化的资源价格的冲击下，必然对我国造成非常大的物价冲击。

（三）净出口与通货膨胀

开放状态下的通货膨胀，不可避免地受到外部因素的冲击，这种冲击的影响主要表现为开放状态下外需对我国经济增长影响越来越大。因此，外需对我国通货膨胀的形成与影响也越来越大。

新一轮通货膨胀与前面两次通货膨胀的区别在于，前面两次通货膨胀主要是受内因影响形成的，而第三次通货膨胀是在我国加入世界贸易组织后，处于开放经济背景下，与世界经济的联系越来越紧密的情况下形成的。由于经济对外依存度高，国际通货膨胀通过进口渠道对我国物价形成通货膨胀是必然的。

前两次通货膨胀或多或少也受到了对外开放的影响。从 1978 年开始，中国就开始了对外开放的进程，然而中国尚未进入国际主流市场，有限的外需对中国经济的带动能力也有限。从 1994 年我国汇率制度并轨以来，我国经济的开放程度大幅度增长，外部因素对我国物价水平的冲击与影响也相应增加。但在 2001 年前，我国尚未加入世界贸易组织，外需尚未成为影响我国经济增长的最重要的因素。第一次和第二次通货膨胀的成因主要还是国内因素影响，主要是固定资产投资与房地产热，而第三次通货膨胀受外需影响增大。

中国加入世界贸易组织后，全球经济的格局发生了重大变化。美国等西方发达国家占据产业链高端，发展金融、高科技、先进制造等国际产业分工中的高端产业，而以中国为代表的发展中国家处于产业链的低端，产品附加值低，从事附加值低的加工部分。这种新的国际分工格局，使中国的经济活动更多地和能源的耗费与原材料加工、环境污染等联系起来，也使我国经济增长越来越依赖于国际市场。这样，我国通货膨胀的形成也越来越受国际因素的影响。因此，2007 年以后，我国经济增长模式的巨变，使经济增长对外需的依存度持续增加①，使我国经济在日益开放的状态下，受国际因素的冲击和传

① 近十年以来，我国外贸进出口规模迅速扩大。2004 年，我国国内生产总值（GDP）为 1.65 万亿美元，对外贸易额达到 1.154 7 万亿美元，进出口总额占 GDP 总量的比例已达到 70%，外贸依存度约为 59.7%，在世界各大国中名列前茅。而 1980 年到 2001 年，美国、日本、印度、德国的外贸依存度大体稳定在 14%~20%，这意味着中国经济有一个其他国家没有的特点：产品极度依赖外国市场。

导也越来越大。我国贸易顺差从 2000 年的 241.1 亿美元上升到 2013 年的 2 590.1 亿美元，外贸依存度从 2000 年的 43.9% 上升到 2006 年的 66.6%（表 3.11）。

表 3.11　我国进出口总体状况与外贸依存状况　　（单位：亿美元）

年份	GDP	进出口总额	出口总额	进口总额	进出口差额	外贸依存度(%)
2000	22 577.4	4 742.9	2 492.0	2 250.9	241.1	43.9
2001	27 565.2	5 096.5	2 661.0	2 435.5	225.5	38.4
2002	36 938.1	6 207.7	3 256.0	2 951.7	304.3	42.7
2003	50 217.4	8 509.9	4 382.3	4 127.6	254.7	51.8
2004	63 216.9	11 545.5	5 933.2	5 612.3	320.9	59.7
2005	74 163.6	14 219.1	7 619.5	6 599.5	1 020.0	62.4
2006	81 658.5	17 604.0	9 689.4	7 914.6	1 774.8	66.6
2007	86 531.6	21 737.3	12 177.8	9 559.5	2 618.3	62.5
2008	91 125.0	25 632.6	14 306.9	11 325.6	2 981.3	59.2
2009	348 775.1	22 075.4	12 016.1	10 059.2	1 956.9	44.2
2010	402 816.5	29 740.0	15 777.5	13 962.4	1 815.1	50.5
2011	472 619.2	36 418.6	18 983.8	17 434.8	1 549.0	50.1
2012	529 399.2	38 671.2	20 487.1	18 184.1	2 303.1	47.0
2013	586 673.0	41 589.9	22 090.0	19 499.9	2 590.1	46.0

资料来源：《中国统计年鉴 2014》。

说明：数字为按照美元计算，2006 年按照美元换算人民币兑换 1∶7.92 计算，2007 年按照 1∶7.40 计算，2008 年按 1∶6.95 计算。

随着中国经济的高速发展，外资利用水平也取得了飞速的发展。实际利用外资金额从 1985 年的 47.60 亿美元增加到 2013 年的 1 187.21 亿美元，外商直接投资金额从 1985 年的 19.56 亿美元增加到 2013 年的 1 175.86 亿美元（表 3.12）。外商直接投资已成为外国资本在中国投资的主要形式。尽管从长期看，外国投资项目建成后，将增加供给，但在外商直接投资项目建设过程中，将增加能源、原材料、设备等需求，这样，外国直接投资项目增加了总需求，对国内物价产生直接影响。

表 3.12 利用外资情况 （项目单位：个；金额单位：亿美元）

年份	总计		对外借款		外商直接投资		外商其他
	项目	金额	项目	金额	项目	金额	
合同利用外资额							
1979—1984	3 841	281.26	117	169.78	3 724	97.50	13.98
1985	3 145	102.69	72	35.34	3 073	63.33	4.02
1986	1 551	122.33	53	84.07	1 498	33.30	4.96
1987	2 289	121.36	56	78.17	2 233	37.09	6.10
1988	6 063	160.04	118	98.13	5 945	52.97	8.94
1989	5 909	114.79	130	51.85	5 779	56.00	6.94
1990	7 371	120.86	98	50.99	7 273	65.96	3.91
1991	13 086	195.83	108	71.61	12 978	119.77	4.45
1992	48 858	694.39	94	107.03	48 764	581.24	6.12
1993	83 595	1 232.73	158	113.06	83 437	1 114.36	5.31
1994	47 646	937.56	97	106.68	47 549	826.80	4.08
1995	37 184	1 032.05	173	112.88	37 011	912.82	6.35
1996	24 673	816.10	117	79.62	24 556	732.76	3.71
1997	21 138	610.58	137	58.72	21 001	510.03	41.82
1998	19 850	632.01	51	83.85	19 799	521.02	27.14
1999	17 022	520.09	104	83.60	16 918	412.23	24.26
2000	22 347	711.30	—	—	22 347	623.80	87.50
2001	26 140	719.76	—	—	26 140	691.95	27.81
2002	34 171	847.51	—	—	34 171	827.68	19.82
2003	41 081	1 169.01	—	—	41 081	1 150.69	18.32
2004	43 664	1 565.88	—	—	43 664	1 534.79	31.09
2005	44 001	1 925.93	—	—	44 001	1 890.65	35.28
2006	41 473	1 982.16	—	—	41 473	1 937.27	44.89
2007	37 871	—	—	—	37 871	—	—
2008	27 514	—	—	—	27 514	—	—
1979—2008	661 483	16 616.22	1 683	1 385.38	659 800	14 794.01	436.80
2009	23 435	—	—	—	—	—	—
2010	27 406	—	—	—	—	—	—
2011	27 712	—	—	—	—	—	—
2012	24 925	—	—	—	—	—	—
2013	22 773	—	—	—	—	—	—

续表

年份	总计		对外借款		外商直接投资		外商其他
	项目	金额	项目	金额	项目	金额	
实际利用外资额							
1979—1984	—	181.87	—	130.41	—	41.04	10.42
1985	—	47.60	—	25.06	—	19.56	2.98
1986	—	76.28	—	50.14	—	22.44	3.70
1987	—	84.52	—	58.05	—	23.14	3.33
1988	—	102.26	—	64.87	—	31.94	5.45
1989	—	100.60	—	62.86	—	33.92	3.81
1990	—	102.89	—	65.34	—	34.87	2.68
1991	—	115.54	—	68.88	—	43.66	3.00
1992	—	192.03	—	79.11	—	110.08	2.84
1993	—	389.60	—	111.89	—	275.15	2.56
1994	—	432.13	—	92.67	—	337.67	1.79
1995	—	481.33	—	103.27	—	375.21	2.85
1996	—	548.05	—	126.69	—	417.26	4.10
1997	—	644.08	—	120.21	—	452.57	71.30
1998	—	585.57	—	110.00	—	454.63	20.94
1999	—	526.59	—	102.12	—	403.19	21.28
2000	—	593.56	—	100.00	—	407.15	86.41
2001	—	496.72	—	—	—	468.78	27.94
2002	—	550.11	—	—	—	527.43	22.68
2003	—	561.40	—	—	—	535.05	26.35
2004	—	640.72	—	—	—	606.30	34.42
2005	—	638.05	—	—	—	603.25	34.80
2006	—	670.76	—	—	—	630.21	40.55
2007	—	783.39	—	—	—	747.68	35.72
2008	—	952.53	—	—	—	923.95	28.58
1979—2008	—	10 498.18	—	1 471.57	—	8 526.13	500.48
2009	—	918.04	—	—	—	900.33	17.71
2010	—	1 088.21	—	—	—	1 057.35	30.86
2011	—	1 176.98	—	—	—	1 160.11	16.87
2012	—	1 132.94	—	—	—	1 117.16	15.78
2013	—	1 187.21	—	—	—	1 175.86	11.34

资料来源:《中国统计年鉴 2014》。

从我国出口贸易的方式来看，加工贸易已经从改革开放初期的附属与从属地位变成与一般贸易并驾齐驱，甚至在 20 世纪 90 年代中期超过了一般贸易的出口，占据了我国出口贸易的半壁江山（表 3.13）。加工贸易出口的是国际制造业转移到中国后生产的产品，从其中也反映了国际分工格局的变化。随着越来越多的制造业转移到发展中国家，外需对我国经济增长的贡献越来越大，相应地增加了总需求，增加了通货膨胀压力。

表 3.13　按贸易方式分类货物进出口总额　（单位：亿美元）

年份	一般贸易		加工贸易		其他贸易	
	出口	进口	出口	进口	出口	进口
1981—1985	1 100.97	1 191.40	93.73	114.73	5.80	17.46
1981	208.00	203.66	11.31	15.04	0.79	1.40
1982	222.45	188.85	0.53	2.76	0.22	1.38
1983	201.60	187.68	19.44	22.72	1.26	3.50
1984	231.62	238.49	29.29	31.47	0.49	4.14
1985	237.30	372.72	33.16	42.74	3.04	7.04
1986—1990	1 543.72	1 609.97	738.79	679.23	42.79	249.50
1986	250.95	352.07	56.20	67.03	2.25	9.90
1987	296.43	287.72	89.94	101.91	8.03	42.47
1988	326.22	352.04	140.60	151.05	8.38	49.61
1989	315.52	356.14	197.85	171.64	12.03	63.62
1990	354.60	262.00	254.20	187.60	12.10	83.90
1991—1995	2 579.30	1 801.00	2 469.80	1 988.80	134.80	1 170.50
1991	381.20	295.40	324.30	250.30	13.60	92.20
1992	436.80	336.20	396.20	315.40	16.40	154.30
1993	432.00	380.50	442.50	363.70	43.00	295.40
1994	615.60	355.20	569.80	475.70	24.70	325.20
1995	713.70	433.70	737.00	583.70	37.10	303.40
1996—2000	3 993.65	2 891.89	5 369.20	3 672.11	254.00	1 558.30
1996	628.40	393.60	843.30	622.70	38.80	372.00
1997	779.74	390.30	996.02	702.06	52.14	331.34
1998	742.35	436.80	1 044.54	685.99	50.22	279.58
1999	791.35	670.40	1 108.82	735.78	49.14	250.81
2000	1 051.81	1 000.79	1 376.52	925.58	63.70	324.57
2001—2005	9 887.71	9 579.95	13 136.49	8 747.85	827.77	3 398.03
2001	1 118.81	1 134.56	1 474.33	939.74	67.83	361.23
2002	1 361.87	1 291.11	1 799.28	1 222.01	94.82	438.59
2003	1 820.34	1 876.51	2 418.51	1 629.04	143.45	621.22
2004	2 436.06	2 481.45	3 279.70	2 216.94	217.44	913.91
2005	3 150.63	2 796.33	4 164.67	2 740.12	304.23	1 063.08
2006—2008	16 175.19	13 337.80	18 030.29	10 683.25	1 968.57	4 778.69
2006	4 162.00	3 330.74	5 103.55	3 214.72	423.81	1 369.15
2007	5 384.57	4 286.13	6 175.60	3 684.75	617.59	1 588.62
2008	6 628.62	5 720.93	6 751.14	3 783.77	927.17	1 820.92

资料来源：《中国统计年鉴 2009》。

我国对外依存度居高不下，表面反映的是在我国内需不足、产能过剩（表 3.14）的背景下，不得不通过发展对外贸易来消化国内过剩的产能，而深层次的原因在于我国经济增长结构出现了严重的失衡，使经济增长的质量与可持续性受到了挑战。尽管出口的高速增长缓解了产能过剩对我国宏观经济运行的危害，但产能过剩导致结构失衡，使投资与消费的背离程度越来越高，对未来经济运行的潜在危害也越来越大，导致我国经济增长对外需依赖程度越来越高。以 2008 年第四季度为例，由于外需迅速减少，我国出口大幅度减少，包括多晶硅等国家鼓励发展的产品也出现了过剩。因此，我国经济增长对净出口依赖越来越强烈，对投资的带动将越来越强，投资与消费的背离程度将进一步增加。

表 3.14　产能过剩行业与出口商品的结构对比

产能过剩行业	货物贸易出口结构	
	产品类别	占比（%）
	初级产品	5.1
	食物	2.7
	原料	0.5
电石	矿业产品	1.9
铁合金	铁矿石及其他原料	1.3
焦炭	矿物燃料	1.8
	工业制成品	94.9
电解铝	有色金属	1.6
钢铁	钢铁	4.2
水泥	化学产品	5.0
汽车	机械及运输设备	47.4
	纺织品	4.6
纺织	服装	9.5
彩电、手机	其他制成品	15.1
	其他半成品	7.7

资料来源：产能过剩行业名单来自国家发展和改革委员会数据，货物贸易出口结构来自海关总署数据。

通过对我国总需求的演进过程分析，可以发现，在三大需求中，投资与净出口成为我国经济增长的主要动力来源。由于收入分配失衡，消费需求未能成为经济增长的主要动力，那么总需求增长主要也来源于投资与净出口，二者共同增加了我国通货膨胀压力。消费、投资、净出口的比例关系得不到有效的调整，我国经济对投资与净出口的依赖将得到强化，就会形成需求膨胀推动的通货膨胀。

第三节　开放经济增长中的供给冲击与通货膨胀

从总供求关系来看，供给因素与需求因素共同影响总体物价水平。

通过对开放经济下我国三大总需求的演化的分析，不难发现，投资与净出口成为我国经济增长的主要来源。由于我国出口行业大多数从事低端制造，必然增加对资源要素的消耗，而资源要素作为国民经济总供给的重要组成部分，其供给是否充足，决定了对我国通货膨胀水平的影响。如果供给相对不足，就会对通货膨胀形成冲击。

一、供给结构与通货膨胀

从供求双方的弹性看，需求弹性相对供给弹性较大，需求可能在短期内迅速增加，但供给无法在短期内迅速增加，因此，最终决定均衡价格的不仅在于需求的弹性，更在于供给的弹性与结构。

从供给对通货膨胀的约束来看，通货膨胀往往是先发生在部分结构性供应短缺的商品上，然后再通过价格传导链条带动物价的普遍上涨，从而形成通货膨胀。由于各类产品价格形成机制与定价方式存在很大的差距，因此，商品的供给结构直接影响通货膨胀的水平。

由于竞争性商品供应充足，竞争充分，其价格是供求双方共同形成的，其需求变动能够迅速通过供给调整来完成。

由于资源类产品供给价格弹性小，面对迅速增加的需求，无法迅速增加供给，供求作用的结果是短期供给不足而引起价格上涨。

农产品的供给也同样存在需求迅速增加、供给约束明显的问题，更别说农业生产过程中再遭受自然因素等影响。因此，影响通货膨胀的供给冲击方面，资源类产品与农产品的供给缺口而造成的冲击，是供给冲击影响通货膨胀的主要因素。

二、要素供给冲击与通货膨胀

（一）经济增长与要素需求

经济增长离不开要素的投入。经济增长、要素投入与通货膨胀的关系，是我国经济运行中资源配置的关键问题，也是我国宏观经济运行中的突出矛盾。根据生产函数，经济增长需要不断投入要素，但我国资源禀赋决定了我国与世界平均水平相比，资源占有水平低。随着我国经济增长规模不断扩大，资源已成为影响经济增长的约束条件，因此，我国不能长期走资源耗费型发展道路。如果我国长期实行这样的发展模式，在国内资源供给水平不足的情况下，势必使我国资源的对外依存度越来越高。对资源要素的需求拉动，也将导致资源的进口依存增加，形成物价的外部冲击。本轮通货膨胀，除猪肉价格波动等短期因素及基础货币发行过多等货币因素外，新一轮经济增长中的资源需求迅速增长成为通货膨胀的重要原因。我国在新一轮经济增长中，资源禀赋存在很大的约束，而通过进口资源，加大了资源的对外依存，使得我国经济受到的外部物价冲击影响增加。

经济增长是一国国力不断增强的过程，也是要素不断投入与要素配置效率不断提高的过程。要素资源的供求成为联系经济增长与通货膨胀关系的纽带。根据通用的经济增长模型，经济增长率的高低取决于资本、土地、劳动力及与技术进步相关的全要素生产率的贡献。经济增长就形成了通过扩大资源投入的外延式经济增长模式与通过提高全要素生产率走内涵式发展的经济增长模式。外延式经济增长模式是通过扩大投入要素来获得经济增长的模式，这样要素的投入就受到要素供给的约束，对资源的依赖程度高，全要素生产率低。从经济学意义上讲，无论是劳动力、土地还是资本，都是稀缺的，外延式增长中的资源需求持续增长，受到资源稀缺性的约束，资源价格必将重估。最终，高昂的资源价格将迫使经济发展方式转型。内涵式经济增长模式则通过技术进步与提高劳动生产率推动经济增长，这种经济增长对资源依赖程度低，其发展具有可持续性，对环境的破坏程度也低。

从我国增长的实际状况来看，我国经济长期以来走的是一条外延式道路，要素资源等因素对经济增长的贡献偏高，而技术进步、劳动生产率等因素形成的全要素生产率对经济增长贡献偏低。邓翔先后对我国和部分地区经济增长贡献进行过测算，发现我国经济增长对要素投入较重，要素投入成为经济增长的主要动力。①

改革开放以来，我国通过大量投资与出口来拉动经济，进入 21 世纪，尤其是 2003 年以来，由于路径依赖，我国外延式的经济增长模式得到了强化。加入世界贸易组织使我国成为世界制造业大国，加速了工业化进程，工业化加速了城市化的进程，带动了房地产业，房地产业带动了下游的钢铁、化工等重化工产业的发展。② 经济增长的重化工业化趋势使得我国外延式经济增长的模式得到进一步强化。

① 邓翔:《中国经济增长率和生产率的重估与比较——译阿尔文·扬对中国经济的增长测算》,《管理世界》2001 年第 4 期。

② 尽管众多学者对我国进入重化工业这一进程不认同，但是不可否认的事实是，我国确已进入这一阶段，上述产业的发展就是有说服力的例证。

从我国工业化与城市化进程来看，我国城市化率仅仅在45%左右，属于加速发展时期。从全国工业化程度来看，总体也处于工业化中期，属于快速增长时期。我国城市化与工业化进程的加速，对资源的需求大幅度增加，如对能源、有色金属、农产品等自然资源需求增加，也相应带动了对土地、劳动力等资源的需求。同样地，我国对外出口大幅度增加，也带动了对资源需求的增加。从经济增长的特点来看，中国经济的增长主要不是依靠科技创新，相反通过不断扩大投入使外延性增长得到了强化，我国经济增长对资源的依赖性越来越强，对资源的需求程度也越来越高。

（二）要素价格管制、资源约束与资源价格重估

资源需求的迅速增加，必然带来资源供应保障的问题，那么如何增加资源供应以保障持续增加的资源需求就成为急需解决的难题。

从我国资源禀赋来看，我国是一个资源贫乏的国家，无论是从人均资源的占有量，还是资源的丰裕度及可开采水平来看，我国资源的供给保障水平都不高，部分重要资源的可开采年限仅在10~20年（表3.15）。我国资源供给缺乏保障，使得我国不得不更加依赖外部供给，我国要素供应能力的约束必然会带来资源价格的重估，仅依靠传统的政府对价格管制来降低资源价格，已无法适应新的经济增长需求。而我国处于开放经济的状态下，对国际资源缺乏定价能力，通过外部冲击形成了对我国的资源价格重估压力，使得我国在通过进口增加资源保障的同时，受到相应的进口资源价格的冲击；通过进口渠道也对我国通货膨胀构成压力。沈敏燕对进口商品结构与我国经济增长的关系进行了研究，发现进口中的初级产品与我国经济增长呈现显著正相关关系。由于资源的稀缺性，在一个封闭的经济体系中，产业结构将受到资源的约束，从而不能调整至最优状态[①]，我国经济受初级产品等资源约束和影响程度越来越大。2003年以来资源要素价格的迅速上涨，除资本流动性充足与投机因素外，以中国为首的发展中国家对资源的需求旺盛，发展中国家又缺乏定价权，是资源要素价格不断上涨的根本原因。

① 沈敏燕：《进口商品结构对我国经济增长影响的分析》，《时代经贸（下旬刊）》2008年第5期。

表 3.15　我国 15 种矿产资源开采寿命及其经济建设保障程度预测

矿类	矿种	目前储量的开采寿命	2010 年		2020 年	
			预计产量 / 预计需求量	保证程度	预计产量 / 预计需求量	保证程度
能源	煤（原煤亿吨）	200 年	19.0/18.5	充分保证	24.0/22.5	充分保证
	石油（原油亿吨）	15 年	1.8/2.8	难以保证	2.1/3.5	难以保证
	天然气（亿立方）	40 年	800/900	难以保证	1 500/2 000	难以保证
黑色及有色和贵金属	铁（标矿万吨）	81 年	3.29/3.99	难以保证	5.0/4.5	充分保证
	锰（标矿万吨）	16 年	472/750	难以保证	407/890	难以保证
	铬（标矿万吨）	14 年	28/140	难以保证	29/196	难以保证
	铝土（标矿万吨）	141 年	805/120	难以保证	1 456/1 655	难以保证
	铜（金属万吨）	29 年	90/170	难以保证	115/210	难以保证
	铅（金属万吨）	16 年	—/45	可以保证	—/55	可以保证
	锌（金属万吨）	19 年	—/120	可以保证	—/152	可以保证
	金（金属吨）	35 年	320/—	缺口较大	640/—	缺口较大
	银（金属吨）	17 年	2 200/2 300	难以保证	4 245/3 500	充分保证
非金属	硫（标矿万吨）	67 年	2 175/3 809	难以保证	2 692/4 510	难以保证
	磷（矿石亿吨）	216 年	5 285/4 400	可以保证	7 046/5 285	充分保证
	钾盐（KCL 万吨）	—	106/640	难以保证	125/802	难以保证

资料来源：本表依据以下文献提供的资料汇编而成：（1）中国 21 世纪全球资源战略研究课题组：《中国 21 世纪全球资源战略研究总报告》（http://www.ennr.org, news/attach—view.asp? ID=9）;（2）熊树民:《突围资源约束》,《人民政协报》, 2004 年 1 月 9 日。转引自宋旭光:《资源约束与中国经济发展》,《财经问题研究》2004 年第 11 期。

（三）经济增长、资源对外依存与通货膨胀

我国学者主要运用定量研究方法研究了经济开放与经济增长的关系，总的来看，二者存在密切的正相关关系。

我国学者对经济开放与经济增长关系的研究是从经济开放度的定义与定量指标开始的。李心丹等认为，经济开放度应该表现为开放的广度与深度，广度表现为总量的开放，深度表现为价格的开放。他们分别采用指标体系与回归的方法对广度与深度进行了实证，结论是，商品市场开放程度高，金融市场管制过多，开放程度低，因此开放的广度有余，深度不足。[①]2002 年以后，随着我国加入世界贸易组织，中国经济对外开放度迅速增加，外需对中国经济增长的影响也相应上升。大多数学者将研究视角从经济开放度的指标体系设计转移到研究经济开放度与经济增长的关系上来。包群等建立了判断经济对外开放

① 李心丹、路林、傅浩:《中国经济的对外开放度研究》,《财贸经济》1999 年第 8 期。

度的五种指标，并通过经济增长回归分析，发现外贸依存度能够较好地解释经济开放度与经济增长的关系，同时发现中国经济增长仍然主要依赖要素投入的增加，贸易对经济增长的贡献度有限。① 张立光、许妍运用协整检验与格兰杰因果检验方法对贸易开放度与经济增长的关系进行了实证分析，结果表明，贸易开放度与经济增长存在因果关系。

随着外需成为我国经济增长的主要动力，国内资源供给不足，导致外需拉动形成的通货膨胀与资源对外依存形成的成本推进型通货膨胀共同作用，使我国经济增长、资源对外依存、通货膨胀三者联系在一起。

从历年进口商品货物分类来看，我国进口的初级产品及矿物燃料比重越来越高，初级产品占进口商品比重大多稳定在 18% 左右，矿物燃料在进口商品中的比重稳定在 18% 左右。2005 年，进口初级产品的比例为 22.4%，到 2013 年，上升至 33.75%；矿物燃料比重从 2005 年的 9.7% 上升到 2013 年的 16.16%（表 3.16）。进口初级产品与矿物燃料比重的上升使得我国对以此为基础的能源和原材料的对外依赖程度上升，增加了外部冲击的风险。

表 3.16　历年进口货物分类金额（1980—2013 年）

年份	总额（亿美元）	初级产品（亿美元）	初级产品占比（%）	矿物燃料（亿美元）	矿物燃料占比（%）
1980	200.17	69.59	34.76	2.03	1.0
1985	422.52	52.89	12.5	1.72	0.4
1990	533.45	98.53	18.5	12.72	2.38
1991	637.91	108.34	17.0	21.13	3.3
1992	805.85	132.55	16.4	35.70	4.43
1993	1 039.59	142.10	13.67	58.19	5.6
1994	1 156.14	164.86	14.26	40.35	3.5
1995	1 320.84	244.17	18.5	51.27	3.9
1996	1 388.33	254.41	18.3	68.77	4.95
1997	1 423.70	286.20	20.1	103.06	7.23
1998	1 402.37	229.49	16.4	67.76	4.83
1999	1 656.99	268.46	16.2	89.12	5.37
2000	2 250.94	467.39	20.8	206.37	9.17
2001	2 435.53	457.43	18.8	174.66	7.17

① 包群、许和连、赖明勇：《贸易开放度与经济增长：理论及中国的经验研究》，《世界经济》2003 年第 2 期。

续表

年份	总额（亿美元）	初级产品（亿美元）	初级产品占比（%）	矿物燃料（亿美元）	矿物燃料占比（%）
2002	2 951.70	492.71	16.7	192.85	6.5
2003	4 127.60	727.63	17.6	291.89	7.1
2004	5 612.29	1 172.67	17.7	479.93	8.55
2005	6 599.53	1 477.14	22.4	639.47	9.7
2006	7 914.61	1 871.29	23.6	890.01	11.2
2007	9 559.50	2 430.85	25.3	1 049.30	11.0
2008	11 325.62	3 623.95	32.0	1 692.42	14.9
2009	10 059.23	2 898.04	28.8	1 240.38	12.33
2010	13 962.44	4 338.5	31.07	1 890	13.54
2011	17 434.84	6 042.69	34.66	2 757.76	15.82
2012	18 184.05	6 349.34	34.92	3 130.85	17.22
2013	19 499.89	6 580.81	33.75	3 151.6	16.16

资料来源:《中国统计年鉴 2014》。

三、农产品价格冲击通货膨胀

农产品价格是影响我国通货膨胀形成的核心因素。农产品为食品业等工业提供基础的原材料，为 13 亿人口提供最基本的生存保障。无论是现在，还是未来，农业都是国民经济的基础产业，相应地，农产品价格是影响通货膨胀的重要因素。

（一）农产品价格影响因素

根据一般供求原理，影响农产品的供求因素主要包括需求因素、投机因素、成本因素、供给因素、价格管制因素。

1. 需求因素

（1）人口因素。人口规模与人均消耗农产品的数量是影响农产品需求的主要因素，人口规模及人均消费水平越高，对农产品的需求量越大。

（2）饲料用粮。随着我国农业养殖业的发展，饲料工业大大增加了对粮食的需求，尤其是对玉米的需求大幅度增加，增加了相应的供给压力。

（3）工业用粮。主要是工业加工用粮，包括食品加工与粮油加工。

（4）生物用粮。日本、美国纷纷制订生物能源发展计划，增加了对玉米等农产品的需求。

2. 供给因素

按照农业生产函数，农作物产量主要取决于农作物种植面积、农业劳动生产率、水资源、农业水利设施、粮食储备、农业资本投入、农业气象条件等影响因素。

3. 投机因素

农产品已经成为一种用于期货的大宗商品，作为期货价格的农产品价格受投机因素的影响，价格波动较大。

4. 成本因素

影响农产品供应成本的因素主要包括能源、化肥、种子、农业机具等。

5. 价格管制因素

由于农产品价格的特殊性，政府部门往往通过价格管制来消除农产品价格所带来的负面影响，如实行最低收购保护价格。

（二）农产品价格形成机理

根据上述影响农产品的价格因素分析，农产品价格的形成除取决于影响供求的实体因素外，还取决于投机等虚拟因素。随着我国农产品进口量的增加，影响我国农产品价格形成的成因除国内因素外，还包括国际因素。以 2004—2006 年粮食产量为例，我国粮食出现了三年连续丰收，而粮价仍然显著上涨。造成这一结果的原因在于，我国农业产品市场逐渐失去政府的价格管制，与国际农产品价格联系越来越紧密。因此，仅仅从国内因素考虑，我国农业产品价格的形成已经无法解释农产品价格走势。随着我国农产品市场与国际农产品市场的接轨，我国缺乏对国际农产品价格定价的影响能力，因此，考察我国农产品价格的形成机理，不仅要从我国农产品供求角度考虑，还要从国际定价的角度考虑，进而综合形成农产品价格。

（三）农产品价格上涨对通货膨胀的影响

农产品价格与通货膨胀的关系是学者研究的热点。由于农产品与食品的关系，食品在消费者价格指数中的比重高达 33.6%，很容易使人们认为农产品的价格上涨是通货膨胀形成的重要原因，也有不少学者研究认为农产品价格上涨是通货膨胀形成的直接因素。[①] 但是卢锋针对 1987—1999 年中国粮食价格与通货膨胀的经典研究没有发现这一关系。[②]

2007 年开始的通货膨胀的一个显著特征就是结构性价格上涨，结构性价格的上涨实际上是结构性的供应不足，食品价格的迅速上涨就是其突出表现。2007 年以来，食品价

① 王小宁：《农产品价格上涨与通货膨胀的关系》，《价格理论与实践》2010 年第 10 期。

② 卢锋、彭凯翔：《中国粮价与通货膨胀关系（1987—1999）》，《经济学（季刊）》2002 年第 3 期。

格的上涨成为对消费者价格指数的主要贡献因素。食品价格使人们将农产品价格与通货膨胀的关系再次联系起来。我国改革开放以来的多次通货膨胀与农产品的供求缺口有一定联系。因此，食品价格的涨价使人们很容易将农产品与通货膨胀联系起来。但也有学者明确认为食品价格上涨是通货膨胀的结果，而非成因。① 从通货膨胀形成的普遍意义来看，如果仅仅是某种食品价格上涨，而不是普遍上涨，不能称为通货膨胀。相反，我国货币持续宽松的供应造成了大量的货币追求有限的农产品，造成农产品价格上涨，并传导到下游的食品加工业，形成食品价格的上涨。从这个意义上讲，2007 年开始的农产品涨价，是因农产品供应不足引起的，解决的办法应该是增加农产品的有效供给。

农业是我国国民经济的基础产业，也是劳动生产率与技术水平增长缓慢的一个行业，尽管改革开放以来，我国农产品的生产有了较大的进步，但农业的小规模经营使得农业生产缺乏规模效应，严重依赖要素的不断增加投入。而制约我国农产品生产的两大条件，可供耕种面积与农业劳动力数量随着工业化及城市化进程不断减少。同时，随着居民收入水平的提高与农业深加工工业的发展，对农产品的需求迅速增加。尽管最近几年我国粮食年年丰收（图 3.1），2008 年我国粮食产量达到 52 850 万吨，与 2004 年的 46 947 万吨相比，增加了 12%，但由于我国农产品价格定价机理还存在一定程度的不合理性，国内外价差的扩大，使得我国这一农产品并不丰富的国家出现了农产品出口的增加，减少了我国农产品的有效供给。与此同时，我国大豆等农产品供应不足，不得不大量从国外进口，在缺乏对国外农产品定价能力的影响下，国外高价农产品进口增加了对我国物价上涨的压力。

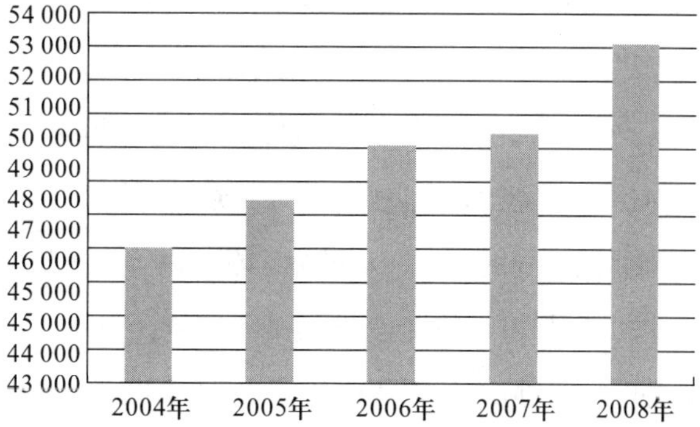

图 3.1　2004—2008 年粮食产量（单位：万吨）

资料来源：《中国统计年鉴 2009》。

① 周其仁：《通货膨胀问题出在货币》，《中国城市经济》2008 年第 5 期。

农产品供求的失衡是影响我国农产品价格上涨的直接原因，尽管也有部分原因在于我国农产品，如生猪受猪蓝耳病等突发性因素影响，但从影响我国农产品供求的因素来看，未来我国农产品供求仍然存在一定的紧张。随着农产品价格与国际价格的接轨，我国农产品价格存在长期上涨的压力。因此，采取有效的激励措施，增加农业投资、提高农民收入、增加对农业的补贴，是稳定农产品价格、减轻农产品价格对通货膨胀影响与冲击的治本之道。

第四节　通货膨胀形成的货币因素

国际货币体系决定了全球范围的货币发行与流动性水平，是体现全球通货膨胀水平的货币基础。根据世界通货膨胀理论，全球范围的通货膨胀是全球货币发行超过了货币需求而形成的。现有的国家货币体系缺乏以实物为保障基础发行的锚，以美元为主，日元、欧元等国际货币的发行不受相应的约束，这样就为全球通货膨胀的形成提供了最基本的货币来源。

一、货币政策与通货膨胀

一国货币政策主要通过利率或货币供应量来影响货币供给，进而影响价格水平。根据货币主义相关理论，货币在短期内增加发行未必会引发通货膨胀。正如凯恩斯理论所认为的，短期内增加货币发行将促进经济增长。[①] 经济增长所造成的经济规模与总量的增长，客观上使得基于商品交易需求的货币数量增长。但是，从长期来看，货币的持续增发，随着资源的充分利用或实现了充分就业，将最终引起通货膨胀。20 世纪 70 年代发生的滞胀就是因为长期持续增发货币，而最终导致了通货膨胀。

按照货币主义大师弗里德曼的观点，从最终来看，通货膨胀是一种货币现象。尽管从短期来看，货币的增加发行可以改变产出等实际变量，但从长期来看，货币是中性的。[②] 名义变量可以改变，而实际变量无法改变。在对应同等产出的情况下，货币发行的增加，最终会转变为物价的上涨，这也是货币数量论对通货膨胀的有力解释。因此，从货币供应角度来理解通货膨胀，具有非常重要的理论意义。

①［英］约翰·梅纳德·凯恩斯:《就业、利息和货币通论》，高鸿业译，商务印书馆 2005 年版。
②［美］米尔顿·弗里德曼、罗斯·弗里德曼:《自由选择》，胡骑等译，商务印书馆 1982 年版。

（一）货币发行量与通货膨胀

货币政策的工具、目标、传导渠道对通货膨胀的产生形成了深远的影响。

货币政策的工具总体上分为价格工具与数量工具，包括中央银行贷款、利率政策、汇率政策、存款准备金率。数量工具以货币发行量、中央银行贷款为主，价格工具以利率、存款准备金率为主。中央银行通过调控利率、存款准备金率、中央银行贷款等金融工具，最终对货币供求进行调节，从而影响物价水平。

从货币发行到最终达到对物价的影响，需要经过一系列的传导过程。其传导渠道主要是货币与信贷两大渠道。这样，货币政策可以概括为，以经济增长为目标，通过信贷供应与货币发行量为中介目标，通过一系列传导，最终实现上述目标。针对中介目标的相关研究有比较大的分歧。有部分学者认为信贷供应与通货膨胀密切相关[①]，而另一部分人则认为是货币供应量促进了通货膨胀的形成。[②] 从通货膨胀形成的货币因素来看，我国已发生的通货膨胀多数与信贷扩张快速，货币供应快速增加密切相关，而这一切与我国货币政策目标中的首要目标——经济增长密不可分。在经济处于高速增长时期，我国货币政策实际起到了推波助澜的作用，尽管货币加速供应的当期并不发生通货膨胀，但我国广义货币供应量与通货膨胀的发生在时间上有 12 个月左右的滞后期，这也从根本上说明通货膨胀是一种货币现象。

从货币发行的实践来看（表 3.17），我国货币发行量在多数时间均超过了经济增长率与通货膨胀率之和，以 M2/GDP 表示的流动性也不断增加，我国货币发行量远远超过经济增长率与通货膨胀率的货币需求，被称为“货币之谜”。大量的货币游离在实际经济增长与物价增长之外，为通货膨胀增加了潜在的压力。

表 3.17　货币供应量速度与 M2/GDP

年份	1990	1991	1992	1993	1994	1995	1996	1997	1998
GDP%+CPI%	6.9	12.6	20.6	28.7	37.2	28.0	18.3	12.1	7.0
M2	14.4	26.5	31.3	—	34.5	29.5	25.3	19.6	14.8
M2/GDP	0.819 2	0.888 4	0.943 5	0.987 1	0.973 6	0.999 3	1.069 1	1.152 2	1.239 8
年份	1999	2000	2001	2002	2003	2004	2005	2006	2007
GDP%+CPI%	6.2	8.8	9.0	8.3	11.2	14.0	12.2	13.1	16.7
M2	14.7	12.3	17.6	16.8	19.6	14.7	17.6	17.0	16.7
M2/GDP	1.337 0	1.356 8	1.443 6	1.537 5	1.628 8	1.589 4	1.632 0	1.650 3	1.637 5

① 高杰英：《通货膨胀隐忧下的银行信贷规模》，《财经科学》2008 年第 4 期。

② 杨丽萍、陈松林、王红：《货币供应量、银行信贷与通货膨胀的动态关系研究》，《管理世界》2008 年第 6 期。

续表

年份	2008	2009	2010	2011	2012	2013	2014	—	—
GDP%+CPI%	14.9	8.51	13.75	14.7	10.25	10.27	9.4	—	—
M2	47.516 7	61.022	72.585	85.16	97.415	110.65	122.84	—	—
M2/GDP	1.513 1	1.79	1.807 8	1.800 0	1.875 3	1.945 2	1.93	—	—

资料来源：中国人民银行、国家统计局历年统计年鉴。

（二）利率与通货膨胀

在凯恩斯的宏观分析框架中，投资是利率的反函数，即利率越高，投资需求越少。因此，出现投资过热时，可以通过调整利率来调整投资需求。

然而，在我国货币政策的实际运行中，利率没有完全市场化，利率的调整也由中央政府根据需要，综合考虑货币政策目标而定，这样，就使得我国的利率在实际调整中并非完全根据货币市场的供求决定，利率的调控效果相应地降低了。

以2007—2008年的利率变化为例（表3.18），除2007年1月外，消费者价格指数一直高于一年期存款利率，这就造成了银行存款实际利率为负数，导致居民储蓄的实际收益为负，而且从2007年2月到2008年10月，居民实际储蓄收益均为负。这种收益结构导致了“储蓄大搬家”，表现为2007年股市与房地产市场价格的急速上涨，尽管大量的储蓄从银行流出后，并没有对消费价格造成冲击，但增加了通货膨胀预期，带来了通货膨胀压力。

表3.18　2007—2008年名义利率、消费者价格指数、实际利率

年月	名义利率（%）	消费者价格指数（%）	实际利率（%）
2007年1月	2.52	2.20	0.32
2007年2月	2.52	2.70	–0.18
2007年3月	2.79	3.30	–0.41
2007年4月	2.79	3.00	–0.21
2007年5月	3.06	3.40	–0.34
2007年6月	3.06	4.40	–0.34
2007年7月	3.33	5.60	–2.27
2007年8月	3.60	6.50	–2.9
2007年9月	3.87	6.20	–2.33
2007年10月	3.87	6.50	–2.33
2007年11月	3.87	6.90	–3.03
2007年12月	4.14	6.50	–2.36

续表

年月	名义利率（%）	消费者价格指数（%）	实际利率（%）
2008年1月	4.14	7.10	−2.96
2008年2月	4.14	8.70	−4.56
2008年3月	4.14	8.30	−4.16
2008年4月	4.14	8.50	−4.36
2008年5月	4.14	7.70	−3.56
2008年6月	4.14	7.10	−2.96
2008年7月	4.14	6.30	−2.16
2008年8月	4.14	4.90	−2.76
2008年9月	3.87	4.60	−1.03
2008年10月	3.60	4.0	−0.4
2008年11月	3.60	4.0	−0.4
2008年12月	3.60	4.0	−0.4

资料来源：中国人民银行公布的历次利率调整信息、国家统计局公布的月度消费者价格指数。

（三）货币政策目标与通货膨胀

在我国货币政策执行的实践中，存在多目标的考虑，其中最重要的目标并不是物价稳定，而是经济增长。实际上，改革开放以来，我国大多数时候的货币政策都是围绕着经济增长这一目标制定的。多目标的现实使得中央政府在应对经济增长与通货膨胀的关系时往往采取相机决策的方式。在经济增长没有造成严重的通货膨胀前，往往采取宽松的货币政策，即使过于宽松的货币政策将对未来物价造成压力，首要的选择仍然是经济增长。如2009年的“保8”就是宽松货币政策确保经济增长的例证。

经济增长与物价稳定都是一国货币政策所追求的目标。经济增长与通货膨胀的关系表明，高增长与低通货膨胀的完美关系组合往往是一国政府所追求的目标，我国的货币政策目标实际上也是希望经济增长与物价稳定同步实现。但国内外大量实践证明，这一完美组合是特殊时期的特殊产物，如美国在1992—2000年经济的高速增长，主要依靠的是互联网带动的信息技术革命和全球化带来美国制造业的产业转移与物价总体水平的降低。而从我国的实践来看，经济的高速增长后，随之而来的必然是高通货膨胀。投资需求旺盛、信贷发放过多、经济过热往往是引起通货膨胀的诱因。

当然，由于货币政策对通货膨胀的影响通过货币与信贷两个渠道的传导需要一定的时间，从经济的增长到通货膨胀的形成，这个时间段对政府部门、投资者、金融机构等形成不同的影响。这也说明分析经济高速增长带来通货膨胀压力时，必须从多个角度考虑其影响机理。

经济高速增长对地方政府与中央政府的影响效应不完全相同，彼此对货币政策的观点存在非常大的差距。中央政府与地方政府均对经济增长承担相应的责任，且均以经济增长作为主要目标，尤其在经济增长低迷时，这样的共同利益表现尤其明显。如1998—2003年为使中国经济走出通货紧缩，国家采取了一系列积极的财政政策与货币政策。2009年，为使中国从经济衰退的阴影中走出来，中央政府提出了“保8”的目标，并提出以“4万亿”投资来拉动经济，这些经济刺激政策均得到了地方政府的积极响应。但中央政府与地方政府的不同之处在于，中央政府还负责对宏观经济进行总量的控制与调控，而且，针对经济增长与通货膨胀的关系，中央政府采取的是相机抉择的机制，既需要经济增长，也需要对经济增长进行调控，避免经济过快过热而引起失控，进而引发通货膨胀。经济高速增长可能带来对资源的充分利用或充分就业，这样，由于软预算约束机制的作用，地方政府为追求经济增长，追求最高最快的经济增速成为地方政府的目标函数。地方政府对投资的过度需求，必然会对货币产生过度需求，甚至希望货币无限持续地供给。投资需求的迅速增加导致需求过度，在短期内供给无法迅速增加的情况下，结果只能表现为物价的上涨。而中央政府为抑制经济过热可能引发的通货膨胀压力，必然会采取紧缩性货币政策，使投资过热的局面恢复到经济正常增长的轨道上。因此，中央政府与地方政府在应对经济增长与通货膨胀的关系上，目标函数不同，既存在共同利益，也存在利益的博弈，这种利益的博弈使得货币政策在执行中往往会遭遇更多的地方压力。

宽松的货币政策在执行中往往因银行的信贷扩张变得更宽松，银行信贷扩张助长了通货膨胀。从价格形成机理来看，价格的持续增长是通货膨胀的直接表现形式，在可供交易的商品数量不变的情况下，价格的持续增长既可以理解为商品供不应求，也可以理解为作为主要货币供应渠道的银行信贷的扩张。我国通货膨胀的多次经验证明，银行信贷的快速扩张是引起经济过热，推动投资过热，最终导致通货膨胀的直接原因。我国银行信贷对投资资金的供给有着深刻的体制性背景。在计划体制时期，我国商业银行实际上就是第二财政，成为为政府基本建设提供资金的来源地。在对商业银行进行改制后，尽管我国商业银行的市场活力有所增加，但是商业银行没有完全市场化。以我国四大商业银行为例，它们均实现了上市，建立了现代企业管理制度。但是四大商业银行仍然是我国身份特殊的金融企业，其经营风险并非完全自我承担，而是因为金融风险的扩散与影响，其经营实际上受到了中央政府的隐性担保，即为四大商业银行在经营中可能出现的呆坏账提供担保，1998 年成立的四大资产管理公司实际上就是为银行经营的坏账进行了大量的剥离。随着我国金融业的对外开放，外资银行大量进入，使得我国商业银行竞争越来越激烈。从我国银行业经营的实际业务来看，信贷业务仍然是银行业务收入的主要来源。相对来说，针对固定资产投资与地方政府投资项目的信贷可以获得较稳定的回报与收益，即使出现了呆坏账风险，由于政府为此而提供的隐性担保，银行所承担的风险仍然可以忽略。在现有的机制下，国有商业银行收益与风险的不对等，使得商业银行在经济过热时，出现了信贷冲动，为通货膨胀的形成推波助澜。

因此，在地方政府与国有企业投资需求旺盛的时候，银行为了追求经济利益，而进一步推波助澜，使得过热的投资需求不断得到满足，这为不断积累通货膨胀压力创造了条件。而中央政府的相机抉择也使得我国难以对通货膨胀建立预警机制。由于应对通货膨胀的实际的滞后，再加上通货膨胀的惯性，使得利用货币政策来应对通货膨胀的效率降低了。相机抉择的结果是，为应对通货膨胀，不得不以牺牲经济增长为代价来抑制通货膨胀，造成了经济的大起大落。

二、汇率制度与通货膨胀

开放国汇率制度决定了国外货币冲击对该国通货膨胀的影响。汇率具有一定的价格传导效果，汇率制度与外部货币冲击密切相关。根据蒙代尔—弗莱明模型，开放经济下，固定汇率与浮动汇率相比，更容易导致通货膨胀传导。[①] 开放国所遭受的外来货币冲击主要是通过经常项目下国际收支与资本项目下的国际资本流动共同影响该国外汇储备水平。通过外汇储备影响基础货币发行，在乘数效应作用下，形成对开放国的货币冲击。

在上述货币冲击因素中，国际货币体系是外部货币冲击的根源，开放国的货币政策与汇率制度决定了开放国是否受到冲击、受冲击的程度，而国际资本的流动与外汇储备是附属于上述的政策框架下的。

开放经济下的汇率制度是调节一个国家国际收支的重要手段，也关系外部货币的冲击，进而影响通货膨胀。

（一）开放经济下汇率升值与通货膨胀

开放经济下的汇率升值是否有利于抑制通货膨胀，是一个存在争议的问题。按照

---

①[美]鲁迪格·多恩布什、斯坦利·费希尔、理查德·斯塔兹:《宏观经济学》(第 10 版)，王志伟译校，中国人民大学出版社 2010 年版。

著名的巴拉萨·萨谬尔森效应，汇率升值有利于抑制通货膨胀。① 而我国的实际情况是，汇率从2005年起开始升值，从2005年的8.27上升到2008年的6.8。而同时期，我国在2007—2008年出现了通货膨胀，因此，如何认识这一矛盾现象对理解汇率制度非常关键。我们认为，从理论上看，汇率升值有利于抑制通货膨胀，但实际上在汇率升值的同时，也加剧了资本的流入，影响了抑制效果。

根据蒙代尔—弗莱明模型，采用固定汇率的开放经济体，其货币容易受到外来冲击。一般说来，某经济体如果存在长期持续的升值压力，其可能存在的情况是长期的国际收支顺差。这种长期的外部失衡，无论是大国，如德国、日本，还是新兴经济体，如中国台湾、中国香港，在经济起飞的过程中，多采用外向型经济发展战略，形成了持续的贸易顺差，积累了汇率升值的压力。中国也不例外，长期的双顺差，使得人民币汇率升值压力尤其突出。汇率升值的实质是一国外部经济的长期失衡。应该说，在自由经济体下，这种失衡应该通过外汇市场的供求调节得以恢复均衡，其中采用的手段是浮动汇率制度。浮动汇率制对出现外部失衡的经济体存在以下调节机制：当一国出现贸易顺差时，由于汇率升值，出口减少，进口增加，从而使贸易收支从失衡走向均衡。采用浮动汇率制度的好处在于可以避免遭受持续的外部冲击，也可以使一国的产出、价格根据市场波动进行调节，避免了通货膨胀等外部冲击的影响。

相反，如果在汇率持续升值的压力下选择采用固定汇率制度，等于变相为外部冲击提供了长驱直入的通道。尤其是外部的投机资本对汇率进行投机或冲击提供了无风险担保。当存在外来的通货膨胀等冲击因素时，由于固定汇率制度的僵化，为维持固定汇率，外汇当局不得不大量购入外汇进行冲销，来减少因顺差增加造成的升值压力。然而，这样一来，正如蒙代尔—弗莱明模型所指出的那样，也就为通货膨胀的输入打开了方便之门。

汇率升值背景下如何采用适当的汇率政策，关系能否减少货币冲击的压力，保持经济的良好增长。布雷顿森林体系崩溃后的日本与德国，就是在升值压力下采取截然不同汇率制度的两个范例。德国顶住升值压力，采用浮动汇率制度，保障了货币政策的独立性，赢得了30多年的高增长，同时维持了较低的通货膨胀率；而日本为维持出口优势，长期维持固定利率，结果是遭受了两次石油危机对物价的冲击，在1985年被迫升值后，遭遇了资产泡沫。

①［美］鲁迪格·多恩布什、斯坦利·费希尔、理查德·斯塔兹：《宏观经济学》（第10版），王志伟译校，中国人民大学出版社2010年版。

无论是从理论上分析，还是从日本、德国的实例分析，在汇率持续升值压力前，保持汇率的灵活与主动是确保减轻外来冲击、保持内部均衡的重要保障。当今，全球主要经济体已经将维护物价稳定作为货币政策的首要任务，如果在升值压力下采用固定汇率制度，就等于人为低估汇率，放弃了维护物价稳定的原则。最终，无论是内部还是外部，均面临严重的失衡，该国经济的发展也无法得到保障。

当前，我国仍然面临着人民币持续的升值压力。然而，为维护汇率稳定，我国实行了有管理的浮动汇率制度，减少了汇率有效波动的区间，最终的结果是持续的输入通货膨胀。短期来看，我国取得了净出口的巨大收益，而我国的汇率制度扭曲了产出与物价等实际变量。长期来看，不能通过浮动汇率调节减少我国过剩的产能，反而输入了通货膨胀，既丧失了中央银行维护货币值稳定的信誉，也因人为制造通货膨胀造成了福利的损失。我们应借鉴日本和德国等国家的经验教训，通过汇率调整，促进我国产业结构调整与升级，纠正扭曲的汇率，使之成为调节经济运行、保持物价稳定的有效手段。

（二）开放经济下通货膨胀与外汇储备

外汇储备与通货膨胀的关系，主要是通过基础货币发行量这一中间环节对通货膨胀水平造成影响。

根据国际货币数量论的分析，从货币角度看，影响一国基础货币发行量的因素，既包括国内货币需求量，也包括外汇储备，而外汇储备取决于国际收支中的经常项目与资本项目。由于外汇储备的增加直接影响基础货币发行量的增加，为减少由此而引起的对通货膨胀的影响，中央银行往往要对此进行冲销。因此，在靠外汇储备对通货膨胀的影响冲击时，既要考虑外汇储备增量中的结构与来源，还要考虑中央银行冲销对这一冲击的影响。

外汇储备是一国中央银行持有的国外货币的数量与结构的总称。因此，外汇储备的构成，既取决于该国中央银行决定采用的国际货币的种类，也取决于实际构成比例。从外汇储备的来源看，影响外汇储备的因素主要包括汇率制度、主要国际储备货币、国际收支。

从总体来看，我国外汇储备经历了多次反复，如何增加外汇储备、创造外汇曾经是我国国策。我国外汇储备直到 1996 年才突破 1 000 亿美元。1996—2002 年，我国外汇储备均超过 1 000 亿美元。2003—2007 年，外汇储备的增量超过 1 000 亿美元，且增量持续增加，2008 年外汇储备增量有所回落（表 3.19）。

表 3.19　1978—2014 年中国外汇储备　（单位：亿美元）

年份	外汇储备	年增加额	年份	外汇储备	年增加额
1978	1.67	—	1997	1 398.90	338.61
1979	8.40	6.73	1998	1 449.59	50.69
1980	-12.96	-21.36	1999	1 546.75	97.16
1981	27.08	40.04	2000	1 655.74	108.99
1982	69.86	42.78	2001	2 121.65	465.91
1983	89.01	19.15	2002	2 864.07	742.42
1984	82.20	-6.81	2003	4 032.51	1 168.44
1985	26.44	-56.24	2004	6 099.32	2 066.81
1986	20.72	-5.72	2005	8 188.32	2 089.00
1987	29.23	8.51	2006	10 663.40	2 475.08
1988	33.72	4.49	2007	15 282.49	5 165.09
1989	55.50	21.78	2008	19 460.30	4 177.81
1990	110.93	55.43	2009	23 991.52	4 531.22
1991	217.12	106.19	2010	28 473.38	4 481.86
1992	194.43	17.56	2011	31 811.48	3 338.10
1993	211.99	304.30	2012	33 115.89	1 304.41
1994	516.20	238.10	2013	38 213.15	5 097.26
1995	735.97	219.77	2014	38 430.30	271.15
1996	1 050.49	314.32	—	—	—

资料来源：《中国统计年鉴 2015》。

从外汇储备增量构成及比例来看，截至 2008 年，外汇储备增量超过 1 000 亿美元，2003—2005 年我国汇率面临严峻的升值压力，而 2005—2008 年我国汇率制度改革后，受汇率升值预期的持续影响，大量国际热钱流入，资本项目所占比例已成为外汇储备增量中的重要组成部分，成为形成主要货币冲击的来源。

（三）人民币汇率套利、资本流动与通货膨胀

我国持续出现的外部失衡，导致人民币汇率升值预期越来越强烈，与此同时，我国汇率制度的调节缺乏灵活性，在面对持续的外部物价与货币冲击时，缺乏有效的调节手段，导致通货膨胀压力不断增加，这样就形成了币值的对内贬值。

在信用货币制度下，一国货币的对内价值就是该国货币的对内购买力，其大小由单位货币所能购买的商品和劳务决定。因此，一国货币的对内价值和该国物价水平是反向相关关系。而一国货币的对外价值则体现为汇率，一单位本币兑换的外币越多，则说明对外价值越高，反之，也是如此。

根据购买力平价理论，一国货币的对内价值和对外价值应该一致。也就是说出现通货膨胀的国家，本币对内价值下降，则对外价值也应下降，即该国货币对外应表现为贬值。[①]按照绝对购买力平价，随着我国汇率的升值，我国货币的国内购买力应该上升，而不应该出现汇率升值、国内购买力贬值、物价上升的现象。而我国自2005年7月汇率改革以来，出现了对外汇率升值与对内货币贬值并存的现象，与绝对购买力平价理论相违背。

绝对购买力平价理论主要是解释贸易因素对汇率的影响，而影响汇率的实际因素并非只有国际贸易因素。随着全球金融一体化的推进，资本流动已经是非常普遍的现象。资本流动对一国的汇率同样能产生巨大的影响，而利率平价理论就是对两国间存在利率差下的资本流动行为的解释。

根据利率平价理论，当一国与另外一国利率差发生变动时，资本的套利行为将发生，资本从利率低的国家向利率高的国家流动，从而改变两国的汇率水平。当本国利率高于（低于）外国利率时，本国货币预期贬值（升值），本币预期贬（升）值的幅度等于国内与国际利率水平之间的差异。

投资者在国际金融市场上对以不同币值计价的资产进行充分的套利是无抛补利率平价得以成立的关键。为了避开有关风险的争论，无抛补利率平价中假设投资者是风险中性的，投资者的收入效用曲线是线性的。投资者的效用由预期收入的期望值所决定，预期收入的期望值越高，投资者所获得的效用就越大。如果两种资产组合的预期收入的期望值相等，而风险不同，投资者对两种资产组合的偏好相同，这类投资者就是风险中性的。

人民币自 1994 年的双顺差造成了汇率升值的强烈压力，国际资本对人民币汇率升值产生强烈预期，并产生了持续的流入。尤其是人民币在 2005 年汇率改革以后，流入显著增加，成为我国外汇储备增量中的主要构成部分。国际资本通过流动获得了巨额的无风险收益，但对我国的商品价格与资产价格形成了巨大的冲击，形成了资产价格与商品价格双膨胀的现象。其结果是人民币相对美元单边升值，进一步引起热钱流入，形成正反馈效应，最终结果就是人民币对内贬值与对外升值并存。

为消除这种矛盾的现象，应该扩大人民币双向浮动的范围，增加热钱套利的风险，

① 购买力平价理论分为绝对购买力平价理论与相对购买力平价理论，此处为绝对购买力平价，是指本国货币与外国货币之间的均衡汇率等于本国与外国货币购买力或物价水平之间的比率。公式表示：$R_a=P_a/P_b$ 或 $P_a=P_b\times R_a$。R_a 代表本国货币兑换外国货币的汇率，P_a 代表本国物价指数，P_b 代表外国物价指数。它说明的是在某一时点上汇率的决定，决定的主要因素即货币购买力或物价水平。

同时，通过政策引导，减少升值预期的强化，对进入后的热钱，获利后应征收资本利得税，进一步降低其资本收益，减轻热钱对我国物价的冲击。

第五节　通货膨胀形成的预期因素

在开放经济下，形成通货膨胀的因素不仅有物价因素、货币因素，还有预期因素。自 1961 年穆斯提出理性预期理论后，预期因素在通货膨胀形成中的作用已经受到越来越多的重视。[①]

在现代通货膨胀理论中，通货膨胀预期已成为影响通货膨胀的重要因素，由于预期可能对消费行为、企业投资行为造成影响，甚至对汇率等资产价格造成影响，因此，应在开放经济下通货膨胀成因中考虑预期因素。预期因素主要是通过对物价冲击与货币冲击进行未来的判断与预测而引起对下期的通货膨胀水平的判断。

通过对过去的通货膨胀判断，预期对未来通货膨胀水平的影响主要取决于对商品价格的预测。如果消费者预期商品价格上涨，就可能提前消费，增加需求，导致物价上涨，从而使物价上涨最终自我实现。如果经营者预期原材料价格上涨，将提前购买原材料，使原材料价格上涨，如果预期未来商品价格上涨，经营者将囤积商品。

通过对货币冲击的判断，预期对通货膨胀的影响主要是在货币冲击下预期货币继续贬值。出于货币保值增值的需要，投资者将改变资产构成，将资产组合从收益低的现金转换成收益高的资产。通过影响资产需求，从而影响资产价格，由资产价格的上涨形成通货膨胀预期。

一、开放经济下我国通货膨胀预期形成背景

从本轮通货膨胀成因的来源来看，预期因素不是独立存在的，而是与物价、货币因素共同发挥作用的。因此，判断预期形成的国际国内背景，对认识预期成因、合理管理预期至关重要。

（一）我国通货膨胀预期形成的国际背景

从我国通货膨胀形成的物价与货币两大外部冲击来看，受预期影响非常明显。如果说，大宗商品价格的暴涨与汇率升值形成的货币冲击是造成通货膨胀的两大直接成因，

①［美］霍尔、泰勒：《宏观经济学：理性预期与价格调整》，冯立新等译，中国展望出版社 1989 年版。

那么预期可以称为间接成因。

大宗商品同时具有实物与金融资产属性，这是预期因素影响大宗商品定价的根本原因。由于大宗商品定价的金融期货属性与汇率的资产属性，预期在大宗商品价格的形成与汇率价格的形成中发挥了举足轻重的作用。大宗商品的定价已经与期货定价牢牢地联系在一起，期货价格已经成为大宗商品实物交割的基准定价，这样，大宗商品的期货价格就与实物价格紧密联系在一起。期货价格作为一种资产价格，预期是影响资产定价的核心因素。根据上述论证，由于大宗商品期货与实物交割联系紧密，从大宗商品价格形成的两大成因来看，一是从资产角度，大宗商品作为资产，要推高其价格，必然需要大量资金流入，而现有国际货币体系下美元泛滥，全球流动性充裕，为大宗商品价格的上涨提供了足够的资金支持；二是实体经济方面，以中国为首的发展中国家处于工业化与城市化进程中，投资需求旺盛，对能源、有色金属、原材料等大宗商品需求旺盛，拉动了大宗商品价格的上涨，进而传导到国内，影响国内物价水平。从影响大宗商品定价的两个原因来看，无论是美元的流动性还是中国等发展中国家的旺盛需求，都对大宗商品定价形成了持续上涨的预期。

汇率升值的预期同样存在很深刻的国际背景。我国自1994年以来的国际收支的双顺差已经积累了非常大的升值压力，国内学者已经对此进行过大量深入的研究，如周宇（2004）[①]、栾文莲（2006）[②]、陈灏（2008）[③]。典型研究有：张琦认为强制结汇与固定汇率制度导致人民币汇率长期处于失衡状态，导致升值压力持续增加。[④] 周宇将人民币汇率升值压力分为市场压力、政治压力、政策压力三类压力，分析了三类压力的区别、联系、动态变化及对汇率政策的影响。[⑤] 栾文莲认为人民币升值压力同时具有内因与外因，经济对外依存度高是主要外因，经济快速增长、国际收支长期处于顺差状态是主要的内因，内外因共同作用导致人民币长期处于升值压力。[⑥] 安烨则从大国博弈的角度分析了人民币汇率升值的压力。[⑦] 付琼根据巴拉萨—萨缪尔森效应论证了人民币汇率升值的长期趋势。[⑧] 同时，人民币升值也引发了欧美向中国施加压力。因此，汇率升值的外部压力一直存在，

① 周宇：《人民币汇率升值压力的动态变化》，《世界经济研究》2004年第8期。
② 栾文莲：《人民币汇率升值压力的内外因素》，《财贸经济》2006年第3期。
③ 陈灏：《人民币汇率升值压力的深层原因解析及对策》，《江淮论坛》2008年第3期。
④ 张琦：《人民币汇率形成机制与升值压力下的政策建议》，《南开经济研究》2003年第6期。
⑤ 周宇：《人民币汇率升值压力的动态变化》，《世界经济研究》2004年第8期。
⑥ 栾文莲：《人民币汇率升值压力的内外因素》，《财贸经济》2006年第3期。
⑦ 安烨：《博弈—升值压力下的人民币汇率政策选择》，《东北师大学报》（哲学社会科学版）2007年第1期。
⑧ 付琼：《缓解人民币升值压力的思考——巴拉萨—萨缪尔森效应与人民币汇率升值》，《税务与经济》2011年第1期。

并在经济不景气期间可能激化，如美国向我国持续施加压力，要求人民币汇率升值。因此，来自西方的汇率升值压力是形成人民币汇率升值的前提，这一前提有利于人民币汇率升值预期的形成。我国经济持续高增长、国际收支持续双顺差与外汇储备的积累为人民币汇率升值预期的形成提供了坚实的物质基础。我国在处理开放经济下内部均衡与外部均衡的关系上，注重内部均衡，尤其是注重经济增长的发展策略，而长期忽略外部的国际收支平衡，导致了对物价的冲击，最终内外部同时出现了失衡。从蒙代尔—弗莱明模型来看，我国采取的与美元汇率挂钩政策，使得我国汇率调节缺乏灵活性，这样失去了对国际收支的调节，近乎成为固定汇率。由于我国政府选择了以经济增长为核心目标，而放弃了汇率调节，为维护汇率稳定，中央银行不得不被动吸纳不断增加的资本流入，维护汇率的政策更助长了国际资本的人民币汇率升值预期。我国在 2005—2008 年的人民币汇率升值期间，采用的是缓步升值的策略，希望通过这样一种升值的方式来缓和西方压力，同时为我国出口企业争取消化汇率升值成本压力的时间。但这种汇率升值的方式强化了人民币汇率升值预期，结果是流入的国际资本持续增加，进一步加大了物价上涨的压力。

（二）我国通货膨胀预期形成的国内背景

开放经济下我国通货膨胀预期形成也有国内背景。按照货币主义学派的观点，通货膨胀在任何时候都是一种货币现象，货币政策与物价水平具有直接的关联。①因此，货币政策在市场参与者形成通货膨胀预期时，所产生的影响非常大。我国的货币政策在实施时虽然受多目标的影响，但最大的目标仍然是经济增长，这样，我国的货币政策更多的是为经济增长服务，在考虑处理经济增长与通货膨胀的关系时，往往采取凯恩斯的相机抉择的方式。在经济处于低迷或衰退时，政府选择宽松的货币政策，为未来的通货膨胀的形成提供了基础。而在经济高涨时，只要未出现高通货膨胀，政府仍然继续采取宽松的货币政策。持续宽松的货币政策必然会使市场参与者形成通货膨胀的预期。我国在2009年实施的近10万亿元的信贷发放，创下了新的历史纪录，这一极度宽松的货币政策，增加了市场对通货膨胀的预期。2010年2月，我国居民价格指数（CPI）已经达到2.7%，表明我国通货膨胀率已经进入上行区间，进一步加大了通货膨胀压力。

①［美］米尔顿・弗里德曼、罗斯・弗里德曼:《自由选择》，胡骑等译，商务印书馆 1982 年版。

二、我国通货膨胀预期与影响效应

（一）汇率升值预期及影响

汇率升值预期是影响我国本轮通货膨胀水平的重要因素，也是影响我国开放经济下通货膨胀的重要因素。汇率升值预期可能对物价水平形成多方面的影响。根据郭妍建立的脉冲响应函数：汇率预期的资产价格效应、货币替代效应、进口价格效应均十分明显，且依次增强，本轮通货膨胀与汇率持续升值预期有一定的关联性。[①] 汇率升值预期首先引起的是人民币汇率升值套利。根据利率平价理论，引起两国间资本流动的因素主要取决于两国的利率差与汇率变化，在其他条件不变的情况下，汇率升值引起国际资本流动，如套利，而进入国内的资本选择了房地产与股票市场等资产市场，资产价格的上涨引起通货膨胀预期。此外，汇率升值也对进口需求产生了影响。根据国际收支理论，汇率升值有利于增加进口需求，相应地，也增加了进口物价上涨的压力。汇率升值预期通过这三个方面影响价格水平。

（二）货币政策预期及影响

国内的通货膨胀预期主要体现在因货币政策而引起的预期。根据预期理论，通货膨胀预期是市场参与各方针对价格信号与过去的经验及掌握的信息，所做出的对未来物价趋势的一种判断。总体来看，外推式预期、适应性预期均是根据过去情况进行简单的预测，而理性预期要求非常高，是根据不断地学习改进对预期的调整，最终形成准确的预期。由于信息可得性的制约，理性预期形成的难度非常大，而外推式预期成为我国通货膨胀预期的主要方式，只能根据过去的价格走势进行通货膨胀预期，这就造成了通货膨胀惯性，我国2007年以来的经营者消费者信心指数证明了这一点。

第六节　开放经济下我国通货膨胀成因的计量检验

根据理论部分研究与实际数据分析，我们明确了开放经济下我国通货膨胀的主要影响因素与传导模式。各大因素虽然对我国通货膨胀均有所贡献，但如何确定各因素的贡献大小以及从动态角度来确定各因素对我国通货膨胀水平的影响与传导规律，需要通过相应的计量模型来确定。

① 郭妍、张立光：《汇率预期对中国通货膨胀影响的实证研究》，《财贸研究》2009 年第 5 期。

根据相关参考文献与通货膨胀的特点，采用VAR模型来检验影响我国开放经济下的各影响因素与作用大小。由于VAR模型不需要各个变量间有严格的经济理论约束，因此，有利于对没有严格经济理论关系的变量进行计量。该模型自1980年推出以来，得到了广泛应用。

本部分主要将该模型用于 VAR 模型估计、脉冲响应函数与方差分解。

一、指标设定与数据说明

模型的指标设定采用了综合考虑国际因素与国内因素、虚拟经济因素与实体经济因素、物价因素与货币因素等多方面的影响，力求通过模型检验，充分反映我国开放经济下的通货膨胀的状况。

模型采用以下变量（表 3.20）：

表 3.20　模型数据定义与说明

变量名称	变量代码	数据处理	数据来源
月度消费者价格指数	CPI	月度同比	国家统计局
路透商品价格月度指数	CRB	利用汇率换算处理	路透商品调查局
外汇占款月度余额	FR	月度同比	国家外汇管理局
人民币实际有效汇率月度数	REER	月度同比	国际清算银行
用电量月度数据	POWER	月度同比	中国电力工业联合会
广义货币供应量	M2	月度同比	中国人民银行
工业品出厂价格指数	PPI	月度同比	国家统计局
房地产销售价格指数	REP	月度同比	国家统计局

通货膨胀指标采用 CPI。由于该数据在实践中已经成为学术研究与政府决策中通货膨胀水平的主要参考变量，故采用该变量。

国际物价指数冲击指标采用 CRB 指数。该指数应用广泛，能够说明大宗商品期货价格对物价的传导与影响，且指数构成广泛，包括农产品、能源、有色金属，能够充分反映国际物价对我国物价的冲击与影响。

国际货币冲击指标采用外汇占款 FR 表示。外汇占款指标决定了国际货币冲击的大小，可以反映货币性的输入因素对我国通货膨胀水平的影响。

为反映汇率的价格传导效应，变量中采用人民币实际有效汇率，通过研究人民币实际有效汇率对 CPI 冲击关系，可以确定汇率价格传导效应的大小。

总需求影响指标采用用电量。由于我国没有公布 GDP 月度数据，为充分反映 GDP 对物价的冲击与影响，没有采用众多文献中的工业增加值，而采用与 GDP 更接近的用电量。

货币供应对通货膨胀率影响非常大，模型变量采用广义货币供应量 M2，验证货币供应冲击对通货膨胀率的影响。

上游价格对下游价格传导的指标采用工业品出厂价格指数 PPI。

资产价格对通货膨胀的影响指标采用房地产销售价格指数 REP。

所有数据经处理后，均指数化，以保持量纲一致，数据时间范围从 2001 年 1 月到 2008 年 12 月，数据均为月度数据。主要考虑三个原因：一是，2001 年以来，我国 CPI 统计发生了重要变化；二是，我国加入世界贸易组织也在 2001 年，我国经济对外开放进入了一个新阶段；三是，从 2001 年开始，我国经济飞速发展，积累了众多通货膨胀因素。综合考虑上述原因，确定上述变量与时间范围。

二、模型 ADF 检验

ADF 检验是检验时间序列是否稳定的主要工具，经过检验，如果稳定，则不存在单位根；反之，则存在单位根，序列不稳定。

采用 ADF 检验上述变量，结果如表 3.21 所示。

表 3.21 ADF 检验结果

变量代码	检验结果	变量代码	检验结果
CPI	一阶平稳	POWER	一阶平稳
CRB	一阶平稳	M2	平稳
FR	平稳	PPI	一阶稳定
REER	二阶平稳	REP	平稳

根据检验结果，FR、M2、REP 为平稳序列，CPI、CRB、POWER、PPI 为一阶平稳，REER 为二阶平稳。根据检验结果，上述变量可以进行模型估计。

三、VAR 模型估计结果

根据上面对于模型变量设定与数据处理结果，利用 Eviews 5.0 软件对上述结果估计，如表 3.22 所示。检验结果如表 3.23、表 3.24 所示。

表 3.22　VAR 模型参数估计

	REP	REER	PPI	POWER	M2	FR	CRB	CPI
REP（-1）	1.365 243	-0.503 110	-0.028 143	0.307 818	-0.057 168	-0.130 691	-2.307 221	-0.004 331
	（0.127 99）	（0.289 43）	（0.051 79）	（0.382 39）	（0.081 84）	（0.290 30）	（1.385 13）	（0.051 97）
	[10.666 9]	[-1.738 29]	[-0.543 44]	[0.804 98]	[-0.698 55]	[-0.450 20]	[-1.665 70]	[-0.083 34]
REP（-2）	-0.627 879	0.032 627	0.056 106	0.176 044	-0.028 212	-0.166 633	3.249 745	0.019 249
	（0.199 63）	（0.451 43）	（0.080 77）	（0.596 42）	（0.127 65）	（0.452 78）	（2.160 41）	（0.081 05）
	[-3.145 29]	[0.072 28]	[0.694 62]	[0.295 17]	[-0.221 02]	[-0.368 02]	[1.504 22]	[0.237 49]
REP（-3）	0.077 386	-0.041 623	-0.028 992	-0.166 269	0.088 265	0.312 227	-0.888 727	-0.001 007
	（0.124 06）	（0.280 56）	（0.050 20）	（0.370 67）	（0.079 33）	（0.281 40）	（1.342 67）	（0.050 37）
	[0.623 76]	[-0.148 36]	[-0.577 53]	[-0.448 56]	[1.112 63]	[1.109 55]	[-0.661 91]	[-0.020 00]
REER（-1）	-0.086 981	0.371 201	0.008 691	0.131 829	0.030 936	-0.000 975	-0.485 146	0.004 752
	（0.060 78）	（0.137 46）	（0.024 59）	（0.181 61）	（0.038 87）	（0.137 87）	（0.657 83）	（0.024 68）
	[-1.430 99]	[2.700 52]	[0.353 36]	[0.725 91]	[0.795 94]	[-0.007 07]	[-0.737 50]	[0.192 56]
REER（-2）	-0.019 943	0.140 315	0.043 297	-0.271 319	0.017 989	-0.097 947	-0.490 425	0.027 685
	（0.059 99）	（0.135 65）	（0.024 27）	（0.179 23）	（0.038 36）	（0.136 06）	（0.649 21）	（0.024 36）
	[-0.332 45]	[1.034 36]	[1.783 83]	[-1.513 84]	[0.468 99]	[-0.719 87]	[-0.755 42]	[1.136 68]
REER（-3）	0.002 968	0.009 399	-0.000 217	0.049 495	-0.003 830	-0.125 370	-0.068 346	-0.006 453
	（0.053 36）	（0.120 67）	（0.021 59）	（0.159 43）	（0.034 12）	（0.121 03）	（0.577 50）	（0.021 67）
	[0.055 62]	[0.077 89]	[-0.010 05]	[0.310 45]	[-0.112 25]	[-1.035 83]	[-0.118 35]	[-0.297 82]
PPI（-1）	0.178 100	-2.731 992	0.831 102	-2.506 813	-1.181 571	-1.686 838	9.344 124	0.301 386

续表

	REP	REER	PPI	POWER	M2	FR	CRB	CPI
	(0.817 78)	(1.849 29)	(0.330 89)	(2.443 28)	(0.522 91)	(1.854 84)	(8.850 25)	(0.332 04)
	[0.217 79]	[−1.477 32]	[2.511 73]	[−1.026 00]	[−2.259 62]	[−0.909 42]	[1.055 80]	[0.907 69]
PPI(−2)	−1.198 853	1.436 929	−0.737 780	5.824 885	1.142 246	2.667 522	6.491 387	−0.651 361
	(0.968 29)	(2.189 66)	(0.391 79)	(2.892 97)	(0.619 15)	(2.196 24)	(10.479 2)	(0.393 15)
	[−1.238 11]	[0.656 23]	[−1.883 10]	[2.013 46]	[1.844 86]	[1.214 59]	[0.619 46]	[−1.656 77]
PPI(−3)	0.410 174	−1.050 930	0.463 788	−0.524 011	−0.023 265	0.225 051	−18.029 34	0.197 926
	(0.764 02)	(1.727 72)	(0.309 14)	(2.282 66)	(0.488 53)	(1.732 91)	(8.268 45)	(0.310 21)
	[0.536 87]	[−0.608 27]	[1.500 27]	[−0.229 56]	[−0.047 62]	[0.129 87]	[−2.180 50]	[0.638 04]
POWER(−1)	−0.035 083	0.112 573	0.068 899	0.172 388	0.020 224	0.040 457	0.428 938	0.075 961
	(0.042 56)	(0.096 25)	(0.017 22)	(0.127 17)	(0.027 22)	(0.096 54)	(0.460 64)	(0.017 28)
	[−0.824 23]	[1.169 56]	[4.000 61]	[1.355 59]	[0.743 08]	[0.419 06]	[0.931 17]	[4.395 35]
POWER(−2)	0.057 013	−0.070 986	0.007 924	−0.135 544	0.043 815	−0.052 332	0.445 999	0.012 824
	(0.047 48)	(0.107 38)	(0.019 21)	(0.141 86)	(0.030 36)	(0.107 70)	(0.513 87)	(0.019 28)
	[1.200 72]	[−0.661 11]	[0.412 47]	[−0.955 45]	[1.443 10]	[−0.485 91]	[0.867 92]	[0.665 19]
POWER(−3)	0.044 946	−0.036 551	−0.013 172	0.016 252	0.008 225	−0.065 979	−0.213 941	−0.013 719
	(0.042 22)	(0.095 48)	(0.017 08)	(0.126 15)	(0.027 00)	(0.095 77)	(0.456 96)	(0.017 14)
	[1.064 48]	[−0.382 81]	[−0.770 97]	[0.128 83]	[0.304 66]	[−0.688 93]	[−0.468 19]	[−0.800 25]
M2(−1)	0.036 137	0.638 333	0.028 412	1.593 361	0.622 352	−0.278 351	6.115 230	0.085 991
	(0.226 70)	(0.512 65)	(0.091 73)	(0.677 31)	(0.144 96)	(0.514 19)	(2.453 40)	(0.092 05)

续表

	REP	REER	PPI	POWER	M2	FR	CRB	CPI
	[0.159 41]	[1.245 17]	[0.309 74]	[2.352 49]	[4.293 37]	[−0.541 34]	[2.492 55]	[0.934 23]
M2（−2）	−0.234 654	−0.947 146	−0.223 277	−2.189 079	0.329 689	0.292 498	−4.893 176	−0.165 817
	(0.251 41)	(0.568 53)	(0.101 73)	(0.751 14)	(0.160 76)	(0.570 24)	(2.720 85)	(0.102 08)
	[−0.933 35]	[−1.665 95]	[−2.194 89]	[−2.914 34]	[2.050 84]	[0.512 94]	[−1.798 40]	[−1.624 40]
M2（−3）	0.007 661	−0.361 344	0.227 968	1.392 962	−0.052 958	0.094 340	−1.432 262	0.129 299
	(0.226 33)	(0.511 81)	(0.091 58)	(0.676 20)	(0.144 72)	(0.513 35)	(2.449 40)	(0.091 89)
	[0.033 85]	[−0.706 01]	[2.489 37]	[2.059 98]	[−0.365 94]	[0.183 77]	[−0.584 74]	[1.407 03]
FR（−1）	−0.093 758	−0.245 729	−0.026 567	0.129 163	−0.053 581	0.853 949	−1.010 206	−0.031 539
	(0.056 12)	(0.126 91)	(0.022 71)	(0.167 68)	(0.035 89)	(0.127 29)	(0.607 37)	(0.022 79)
	[−1.670 62]	[−1.936 22]	[−1.169 92]	[0.770 31]	[−1.493 11]	[6.708 52]	[−1.663 25]	[−1.384 08]
FR（−2）	0.065 961	0.123 126	0.038 196	0.506 643	−0.010 990	0.018 941	0.137 749	0.022 931
	(0.074 48)	(0.168 42)	(0.030 14)	(0.222 52)	(0.047 62)	(0.168 93)	(0.806 02)	(0.030 24)
	[0.885 65]	[0.731 06]	[1.267 47]	[2.276 86]	[−0.230 76]	[0.112 12]	[0.170 90]	[0.758 29]
FR（−3）	−0.003 022	−0.079 402	−0.003 643	−0.553 393	0.075 847	0.014 806	0.760 486	0.011 936
	(0.054 81)	(0.123 94)	(0.022 18)	(0.163 75)	(0.035 05)	(0.124 31)	(0.593 16)	(0.022 25)
	[−0.055 14]	[−0.640 64]	[−0.164 28]	[−3.379 45]	[2.164 21]	[0.119 11]	[1.282 10]	[0.536 34]
CRB（−1）	−0.010 454	−0.044 086	0.010 550	0.053 571	0.009 188	0.017 764	0.951 594	0.004 073
	(0.011 12)	(0.025 14)	(0.004 50)	(0.033 21)	(0.007 11)	(0.025 21)	(0.120 29)	(0.004 51)
	[−0.940 50]	[−1.753 93]	[2.345 66]	[1.613 14]	[1.292 79]	[0.704 60]	[7.910 59]	[0.902 58]

续表

	REP	REER	PPI	POWER	M2	FR	CRB	CPI
CRB（-2）	0.015 157	0.049 807	-0.009 682	0.054 524	-0.014 103	-0.037 983	-0.139 188	-0.011 318
	（0.015 43）	（0.034 90）	（0.006 24）	（0.046 11）	（0.009 87）	（0.035 01）	（0.167 02）	（0.006 27）
	[0.982 13]	[1.427 14]	[-1.550 52]	[1.182 48]	[-1.429 14]	[-1.085 07]	[-0.833 34]	[-1.806 17]
CRB（-3）	0.007 893	0.051 964	0.004 393	-0.154 044	0.006 102	-0.013 269	0.026 665	0.007 198
	（0.013 22）	（0.029 88）	（0.005 35）	（0.039 48）	（0.008 45）	（0.029 97）	（0.143 02）	（0.005 37）
	[0.597 27]	[1.738 84]	[0.821 51]	[-3.901 53]	[0.722 15]	[-0.442 70]	[0.186 45]	[1.341 55]
CPI（-1）	0.040 089	3.631 192	0.355 272	4.281 995	0.633 986	0.844 123	-9.557 007	0.870 745
	（0.833 48）	（1.884 80）	（0.337 24）	（2.490 19）	（0.532 95）	（1.890 46）	（9.020 17）	（0.338 41）
	[0.048 10]	[1.926 57]	[1.053 46]	[1.719 55]	[1.189 59]	[0.446 52]	[-1.059 52]	[2.573 02]
CPI（-2）	0.836 922	-1.778 885	0.263 158	-7.494 329	-0.660 923	-1.258 271	2.438 202	0.286 732
	（1.046 22）	（2.365 89）	（0.423 32）	（3.125 81）	（0.668 98）	（2.373 00）	（11.322 6）	（0.424 79）
	[0.799 95]	[-0.751 89]	[0.621 65]	[-2.397 56]	[-0.987 95]	[-0.530 25]	[0.215 34]	[0.674 99]
CPI（-3）	-0.347 291	0.475 630	-0.298 072	0.623 953	-0.050 617	-0.373 277	11.734 69	-0.062 500
	（0.798 93）	（1.806 67）	（0.323 26）	（2.386 97）	（0.510 86）	（1.812 10）	（8.646 29）	（0.324 39）
	[-0.434 70]	[0.263 26]	[-0.922 07]	[0.261 40]	[-0.099 08]	[-0.205 99]	[1.357 19]	[-0.192 67]
C	53.110 50	191.972 8	-6.779 775	-26.750 00	11.104 97	1.731 727	-133.734 0	-13.111 11
	（26.651 5）	（60.268 9）	（10.783 8）	（79.627 1）	（17.041 7）	（60.449 9）	（288.432）	（10.821 2）
	[1.992 78]	[3.185 27]	[-0.628 70]	[-0.335 94]	[0.651 64]	[0.028 65]	[-0.463 66]	[-1.211 61]

表 3.23　VAR 模型各方程检验结果

R–squared	0.948 478	0.851 293	0.966 648	0.664 364	0.891 896	0.954 535	0.958 489	0.963 144
Adj. R–squared	0.930 294	0.798 808	0.954 877	0.545 905	0.853 742	0.938 489	0.943 838	0.950 136
Sum sq. resids	126.143 2	645.068 7	20.651 90	1 126. 008	51.575 53	648.949 0	14 774.29	20.795 60
S.E. equation	1.362 001	3.079 985	0.551 094	4.069 268	0.870 898	3.089 234	14.740 05	0.553 008
F–statistic	52.159 76	16.219 78	82.119 06	5.608 363	23.375 98	59.486 35	65.421 96	74.042 93
Log likelihood	−146.135 3	−222.020 5	−61.988 44	−247.924 6	−104.547 1	−222.299 4	−367.625 3	−62.310 88
Akaike AIC	3.680 329	5.312 269	1.870 719	5.869 346	2.785 959	5.318 266	8.443 556	1.877 653
Schwarz SC	4.361 136	5.993 075	2.551 525	6.550 152	3.466 766	5.999 072	9.124 362	2.558 460
Mean dependent	102.650 8	106.465 8	101.601 1	112.250 1	116.719 0	135.497 3	285.188 4	102.426 9
S.D. dependent	5.158 735	6.866 624	2.594 329	6.038 692	2.277 230	12.455 90	62.198 33	2.476 504

表 3.24 VAR 模型整体检验结果

Determinant resid covariance (dof adj.)	51.774
Determinant resid covariance	183.963 9
Log likelihood	−1 298.176
Akaike information criterion	−2.218 83
Schwarz criterion	−7.665 28

总体来看，模型模拟效果良好。

四、脉冲响应函数

根据求得的 VAR 模型进行脉冲响应，得到脉冲响应函数如图 3.2：

VAR 模型

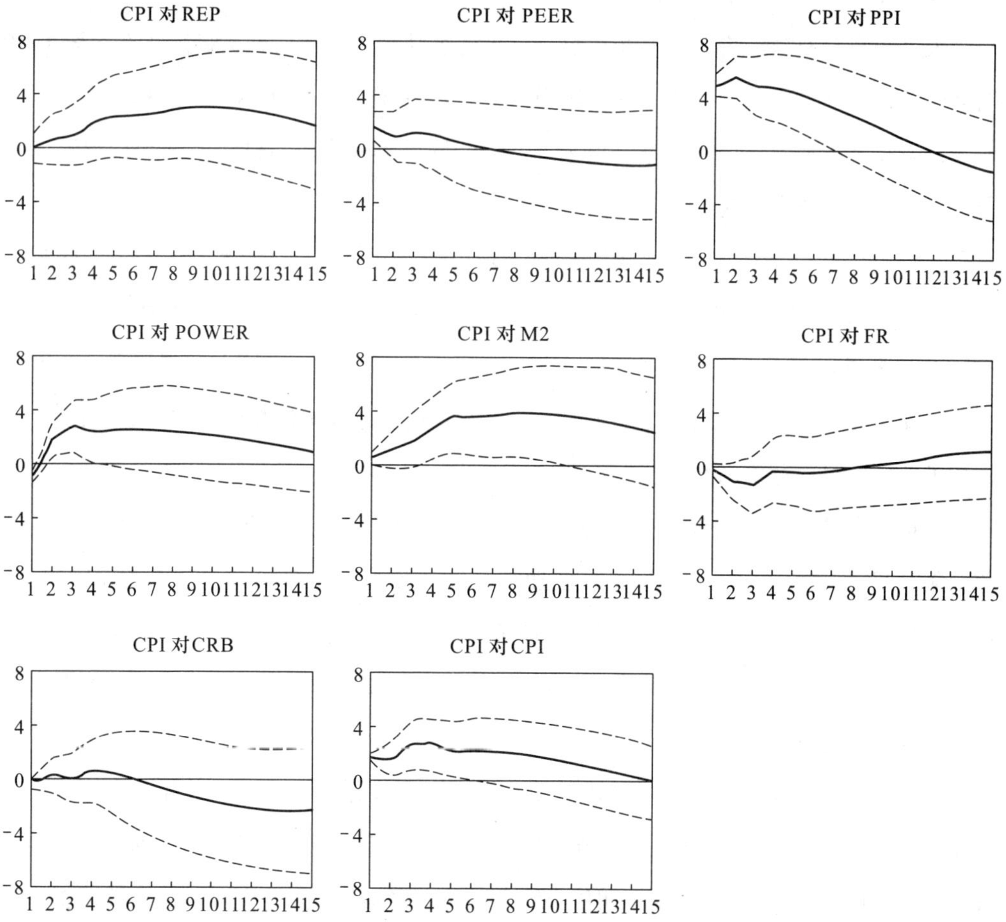

图 3.2 CPI 对一标准新信息的反映

根据求得的脉冲响应函数，不难发现，CPI 对货币或资产性因素如 M2、REP、FR 的一个新信息冲击的响应是越来越强的，总体来看，CPI 对 FR 的冲击响应越来越大，呈逐渐上升趋势，对于 M2、FR 冲击上升后趋于稳定。CPI 对 POWER、REER、CRB 的一个新信息冲击的响应呈现逐渐下降后趋于稳定状态。CPI 对 PPI 及自身的冲击呈短暂上升后迅速下降的趋势。

五、方差分解

根据求出的 VAR 模型，进行方差分解，结果如表 3.25 所示。

根据方差分解结果，我们发现各变量对 CPI 有如下影响。

房地产销售价格指数（REP）对 CPI 影响呈逐渐加大的趋势。在第一期，房地产价格对 CPI 影响微不足道，但随着时间推移，房地产销售价格指数对于 CPI 影响逐渐加大，表明资产价格对物价传导是畅通的。

人民币实际有效汇率对于 CPI 影响总体呈现衰减趋势，然后到达稳定状态。第 1~10 期呈逐渐衰减趋势，第 10 期以后总体稳定，但总体来看人民币实际有效汇率对物价影响不大，说明试图通过人民币汇率升值来抑制通货膨胀不具有可行性，实际运行中汇率与通货膨胀的关系证明了这一点。

工业品出厂价格指数 PPI 对 CPI 影响呈现以下变化趋势：总体来看，由于彼此为上下游传导关系，PPI 对 CPI 影响非常大，但根据方差分解结果，PPI 对 CPI 影响是不完全的，也是逐渐衰减的。造成这一原因的背景在于下游消费品基本处于过剩状态，为上游价格传导增加了困难。另外，处于上游的工业生产企业通过技术进步或增加资源配置效率，消化了部分原材料涨价因素。

用电量作为观察国民经济发展的指标之一，与经济的周期性变化联系紧密。通过方差分解，发现用电量对 CPI 的影响从快速增长到逐渐稳定。造成这一结果的原因在于，经济增长带动了电力需求的增长，变相增加了总需求，由于电力产能增长需要时间，因此，第 1~3 期出现电力供不应求，对电力供给造成冲击，加大了对 CPI 的冲击。随着电力产能的增加，用电量对 CPI 影响趋于稳定。

广义货币供应量 M2 对 CPI 冲击是稳步增长。第 1 期 M2 对 CPI 冲击影响较小，表明货币供应量对 CPI 冲击有滞后性；但随后 M2 对 CPI 冲击影响逐渐增加，到第 15 期时，M2 对 CPI 冲击影响最大，说明短期货币供应对通货膨胀水平影响不大，但从长期看，货币供应是通货膨胀的决定因素，通货膨胀终究是货币现象。

表 3.25 模型方差分解结果

Period	S.E.	REP	REER	PPI	POWER	M2	FR	CRB	CPI
1	1.362 001	0.001 450	8.666 247	76.082 23	2.666 670	1.234 963	0.039 667	0.180 592	11.128 18
2	2.362 549	0.603 771	4.865 835	75.315 47	6.410 472	2.536 494	1.550 403	0.245 794	8.471 763
3	3.050 439	1.117 189	4.378 022	65.353 33	10.633 80	4.423 749	2.424 245	0.159 058	11.510 60
4	3.549 244	2.969 022	3.763 488	59.186 29	10.961 18	8.120 277	1.720 639	0.445 296	12.833 81
5	3.949 477	4.908 636	3.039 272	54.025 42	11.455 95	12.519 90	1.342 457	0.474 722	12.233 65
6	4.303 766	6.237 678	2.529 407	50.152 45	12.012 64	15.233 62	1.218 253	0.395 828	12.220 12
7	4.606 968	7.538 374	2.172 268	46.560 67	12.469 23	17.580 98	1.079 354	0.367 474	12.231 65
8	4.866 313	9.048 896	1.939 839	42.923 20	12.774 23	19.897 86	0.949 922	0.456 494	12.009 56
9	5.092 430	10.540 20	1.812 272	39.562 71	12.857 33	21.903 95	0.863 280	0.709 159	11.751 10
10	5.292 563	11.830 85	1.780 300	36.607 92	12.838 86	23.528 62	0.827 241	1.173 584	11.412 62
11	5.476 181	12.866 91	1.825 177	34.084 84	12.747 66	24.799 20	0.847 660	1.822 001	11.006 54
12	5.650 229	13.639 99	1.923 606	32.031 45	12.580 84	25.746 29	0.937 591	2.563 793	10.576 44
13	5.817 862	14.146 12	2.051 777	30.444 54	12.354 85	26.415 04	1.098 429	3.355 820	10.133 43
14	5.980 009	14.402 51	2.188 082	29.308 24	12.087 16	26.830 85	1.318 066	4.149 919	9.715 169
15	6.136 273	14.443 75	2.314 460	28.589 04	11.799 28	27.018 87	1.584 315	4.892 262	9.358 027

外汇占款对 CPI 冲击影响不确定，呈现随机波动状态，说明外汇占款虽然对 CPI 有一定冲击，但冲击效果无确定的规律。

CRB 指数对我国 CPI 冲击呈现越来越大的趋势，说明随着我国对外开放度增加，国际物价因素对我国物价水平的影响越来越大，成为不可忽视的因素。

CPI 对自身影响总体稳定，表明上一期通货膨胀率对下一期通货膨胀率有预期作用。

第七节 小结

（1）本章针对通货膨胀的形成机理进行了理论与实证研究。从我国通货膨胀形成机理来看，总需求结构失衡是通货膨胀形成的根本原因。总需求结构失衡，对净出口过度依赖，导致了过剩产能无法淘汰，投资需求得到强化，带动了对矿产资源类产品需求的增加，形成了进口价格推动型通货膨胀；在外部出现持续的失衡下，现有总需求结构使总需求结构失衡强化，国际收支持续顺差，导致了汇率升值压力，形成了货币冲击；在预期因素作用下强化了升值预期与通货膨胀预期。上述因素与机制共同作用形成了开放经济下通货膨胀形成机理，总结如图 3.3 所示。

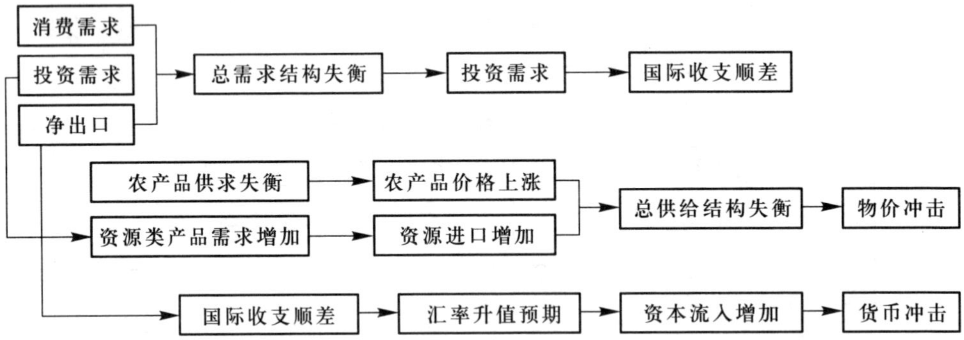

图 3.3 开放经济下通货膨胀形成机理

（2）理论部分建立了一个包括物价、货币与预期因素在内的开放经济下通货膨胀成因分析框架，并分析了各大因素的主要构成。实证部分利用我国历年统计数据分析了各因素对通货膨胀的影响，并建立了分析通货膨胀成因的 VAR 模型。

（3）物价部分从总需求与总供给两个方面进行分析，总需求部分主要分析了我国总需求结构的失衡对通货膨胀的影响，结论是消费需求不足，投资需求过度，加大了通货膨胀压力。总供给分析发现，我国国内资源供给不足。重点针对资源类产品对通货膨胀的影响进行了分析，发现投资过度因资源类产品大量进口，增加了国外价格的冲击。针对影响我国农产品的波动因素进行了分析，发现农产品价格主要与生产资料价格上涨与突发事件引起的供给缺口相关。

（4）货币冲击因素分析了我国货币发行量与汇率持续升值预期下的货币冲击对我国通货膨胀的影响。尽管从短期来看，这些货币很大一部分进入了资产市场，减轻了对商品市场价格的冲击，但从长期来看，对我国通货膨胀的压力不断增加。

（5）预期冲击因素分析了开放经济下我国通货膨胀预期形成的国际国内背景，重点分析了汇率升值预期，上一期通货膨胀水平对预期通货膨胀的影响。

（6）建立了包括 CPI 、PPI、M2、CRB 指数 、用电量 、人民币实际有效汇率、房地产销售价格指数、外汇占款在内的通货膨胀的成因分析模型，进行了脉冲响应函数与方差分解。房地产销售价格指数与 CRB 指数对价格短期影响较大，广义货币供应量 M2 对通货膨胀存在长期影响。

第四章　开放经济下中国通货膨胀传导机制

随着我国加入世界贸易组织，我国经济与外界的联系日益紧密，中国经济逐渐融入经济全球化的浪潮中。中国经济与世界经济联系程度的加深，一方面使我国经济获得了更多的外部资源与发展机遇，另一方面也使我国的经济越来越多地暴露在外部冲击与影响下。因此，在开放状态下，我国通货膨胀不可避免地受到外部因素冲击，并且通过一定的传导渠道与链条，从国外向国内传导，形成传导机制，从而影响我国的物价水平。研究开放经济下通货膨胀的传导机制，可以使我们掌握通货膨胀的国际传导机制，为有效应对通货膨胀的国际传导提供有益的借鉴。此外，尽管资产价格没有成为通货膨胀的测度指标之一，但研究发现，实际上资产价格已经成为指引通货膨胀的重要指标之一。因此，也将资产价格向通货膨胀的传导纳入分析框架。

第一节　开放经济下通货膨胀传导的理论分析

开放经济下的通货膨胀传导是研究通货膨胀的重要问题，一国处于开放经济状态下，不可避免地受到国际因素的冲击，通过国际向国内进行价格传导，从而影响国内物价水平，即通货膨胀水平。一国对外经济依存度越高，资本流动的自由度越大，受国际因素传导而影响其国内物价的程度也越深。根据对国内外相关研究的梳理，不难发现，国际性的通货膨胀主要是通过贸易与货币两大渠道传导的。这两大传导方式也符合国际收支的货币传导理论。

一、通货膨胀国际传导的两种途径

通货膨胀传导的两大途径的理论基础存在很大的不同。贸易渠道主要是从总需求与总供给模型的观点出发的，其主要影响方式是通过进口渠道，即通过总供给中的外部供给渠道来影响其国内物价。货币渠道传导的理论基础是国际收支的货币分析理论，该理论在20世纪70年代研究世界性通货膨胀的传导中得到了广泛应用。

1. 贸易传导途径

贸易传导是处于开放经济状态下的一国在与他国发生国际贸易行为时，受进口物价冲击而引起对该国内物价的影响。如果进口为产成品，直接对该国内对应的商品价格产生影响。如果进口的是初级产品，一般为由进口商品物价传导到工业品物价，再传导到消费品物价。进口初级商品价格通过产业链条从上游向下游传导，根据每级链条上的传导状况，最终对消费品价格产生影响。

2. 货币传导渠道

货币传导渠道是通过国际收支引起外汇储备变化，外汇储备变化引起基础货币供应的变化，从而使一国货币发行量发生变化，进而影响一国的通货膨胀水平。国际收支的来源包括经常项目与资本项目。经常项目主要包括国际贸易中的商品与劳务部分。经常项目顺差，引起外汇储备变化，导致基础货币供应变化；经常项目逆差，则会导致外汇储备减少。资本项目包括资本流动与国际直接投资。资本项目的金额变化同样会引起外汇储备变化，进而引起国际收支、外汇储备的变化，对基础货币发行产生直接影响。

二、贸易与货币传导渠道的比较

根据对上面两种传导渠道的理论分析，两种类型的传导渠道有着不同的传导机理，彼此存在很大的不同，但两者既有差异，也存在联系。

1. 贸易与货币传导渠道的联系

尽管两种传导渠道的理论基础有差异，但在实际传导中，两类传导渠道仍然存在一定的联系。首先，从贸易渠道来看，以及从世界通货膨胀理论分析，全世界出现通货膨胀，是全世界的货币发行量的增长率超过了对应的商品供应量的增长，其表现形式为一国出现了贸易顺差。如果实行的又是固定汇率政策，那么，因国际贸易顺差而增加的基础货币供应，也将通过货币渠道影响通货膨胀。

2. 贸易与货币传导渠道的区别

两个传导渠道的区别表现在，影响着两个渠道的理论基础存在很大的区别。贸易渠道的理论基础是 AD–AS 模型，通过总供求变动来影响国际收支，而货币传导渠道的理论基础则是国际货币数量论，体现在国际货币流通量在各国的分配上。

三、我国通货膨胀的国际传导路径

根据对贸易与货币两大传导渠道的分析，结合中国对外开放的实际状况，将我国通货膨胀的传导路径总结如下，如图 4.1 所示。

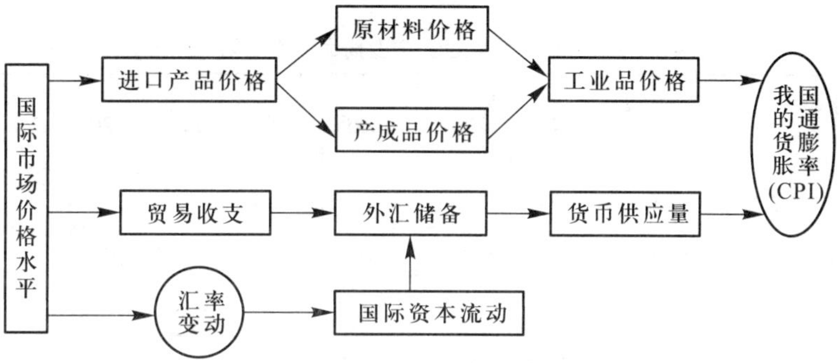

图 4.1　我国通货膨胀的国际传导路径

贸易传导方面，国外物价通过进口产品沿着价格链条依次向原材料、工业品与消费品传导。

货币传导渠道方面，通过两类方式引起国内基础货币供应量的变化，进而影响通货膨胀水平。一种方式是通过贸易收支引起外汇储备增加，引起基础货币供应量增加从而引起通货膨胀水平的变化。另一种方式是汇率变化，引起国际资本流动，影响国际收支的资本项目，造成外汇储备变化，影响基础货币供应量而引起通货膨胀水平的变化。

两类传导方式分别通过产品价格链条与货币流动链条，共同完成从国际向国内的通货膨胀传导。

第二节　开放经济下中国通货膨胀贸易传导

开放经济下中国通货膨胀的传导主要考虑对我国物价传导影响较大的大宗商品的传导。

一、物价波动总体状况

2001 年以来，全球原油、农产品与原材料等大宗商品的价格一直保持在高位运行。2001—2006 年，世界主要商品价格平均增幅为 88.8%，国际铁矿石价格涨幅达到 160%，国际农产品随着美国对生物能源需求增加，供求失衡，也进入了加速上升通道（表 4.1）。

表 4.1　2001—2006 年世界主要商品价格变化（环比）

商品类型＼年度	2001	2002	2003	2004	2005	2006	2001—2006
全部商品（以现值美元计算）	–3.6	0.8	8.1	10.4	12.2	30.4	88.8
全部商品（以特别提款权计算）	0.2	–0.8	–0.2	13.1	12.5	30.7	66.0
食品和热带饮料	0.4	0.4	2.3	13.2	8.8	17.8	48.4
热带饮料	–20.6	11.7	6.2	6.4	25.5	6.7	51.3
咖啡	–29.0	4.7	8.7	19.8	43.8	7.1	100.6
可可	22.7	63.3	–1.3	–11.8	–0.7	3.5	–10.4
茶	–20.2	–9.5	8.4	2.1	9.1	11.7	34.9
食品	2.8	–0.5	1.9	13.9	7.2	19.0	48.0
糖	5.6	–20.3	2.9	1.1	37.9	49.4	114.5
牛肉	10.0	–0.3	0.4	17.8	4.1	–2.4	20.3
玉米	1.1	10.4	6.5	5.0	–12.0	24.4	22.5
小麦	9.0	16.6	–0.7	6.8	–1.4	26.6	32.3
稻谷	–15.3	11.0	4.1	23.1	17.1	5.5	58.3
香蕉	38.8	–9.6	–28.7	39.9	9.9	18.5	29.8
植物油子和植物油	–6.4	24.9	17.4	13.2	–9.5	5.0	26.4
大豆	–7.5	8.6	24.1	16.1	–10.4	–2.2	26.3
农业原材料	–3.9	–2.4	19.8	9.9	7.2	15.0	62.3
生皮和兽皮	5.5	–2.9	–16.8	–1.7	–2.1	5.1	–15.9

续表

商品类型 \ 年度	2001	2002	2003	2004	2005	2006	2001—2006
棉花	−19.0	−3.6	37.2	−3.3	−11.6	5.9	24.2
烟草	0.0	−8.2	−3.5	3.6	1.8	6.4	8.2
橡胶	−14.1	33.1	41.7	20.3	15.2	40.4	175.7
热带木材	6.4	−10.5	20.1	19.2	0.3	−4.7	36.9
矿物、矿石和金属	−10.8	−2.7	12.4	40.7	26.2	60.3	219.9
铝	−6.8	−6.5	6.0	19.8	10.6	35.4	90.4
磷矿石	−4.6	−3.3	−5.9	7.8	2.5	5.3	9.5
铁矿石	4.5	−1.1	8.5	17.4	71.5	19.0	160.0
锡	−17.5	−9.4	20.6	73.8	−13.2	18.9	116.2
铜	−13.0	−1.2	14.1	61.0	28.4	82.7	331.1
镍	−31.2	14.0	42.2	43.6	6.6	64.5	257.9
钨矿石	45.5	−41.8	18.0	22.9	120.7	36.2	336.2
铅	4.9	−4.9	13.8	72.0	10.2	32.0	184.6
锌	21.0	−12.1	5.1	29.1	27.9	136.7	311.1
黄金	−2.9	14.4	17.3	12.6	8.7	35.9	95.0
原油	−13.3	2.0	15.8	30.7	41.3	20.4	157.6
对比项：制造品	−2.1	0.7	9.2	8.3	2.5	3.3	25.3

资料来源：联合国贸发会议秘书处计算，基于联合国贸发会议各期《商品价格公报》，联合国统计署各期《月度统计公报》。转引自陈愉瑜：《全球通货膨胀的理论基础及现状分析》，《当代社科视野》2008 年第 5 期。

上述产品价格的上涨（图 4.2），对我国工业品价格形成了直接冲击与影响。由于我国经济增长进入了重化工业化阶段①，对资源与能源的耗费大幅度增加。此外，国际分工与产业转移导致大量低端制造业转移到中国，也决定了我国对于上述产品的需求大幅度增加。

我国产品进口结构也表明，上述产品在进口中占有重要的比例。以原油为例，我国原油对外依存度达到 50%，铁矿石的对外依存度也达到 60% 以上，部分农产品的对外依存度也在增加。上述产品的国际价格大涨，形成成本推进型通货膨胀，对国内物价水平形成显著冲击，导致通货膨胀压力增加。

① 重化工业化阶段意味着房地产、汽车、化工、造船等资源与能源消耗型产业成为拉动经济增长的主力，其对资源和能源的耗费大幅度增加，我国从 2003 年开始的煤电油运紧张就是这一特点的集中体现。尽管有不少学者对我国是否要经历这一阶段持有疑问，但 2003 年开始的新一轮经济增长的一个显著特点就是重工业增速超过轻工业增速，这一进程加大了我国资源对外依赖的压力。

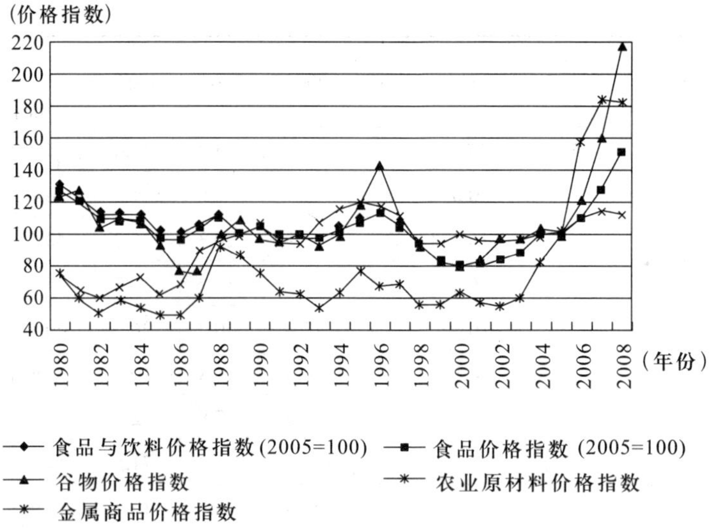

图 4.2 世界商品价格指数

资料来源：国际货币基金组织大宗商品统计 2009 年数据。

上述原材料主要用于工业，导致我国工业品出厂价格指数（PPI）一直在高位运行。2008 年 6 月，我国 PPI 高达 8.8%，而这一数据是在成品油价格受到严格管制的前提下形成的，我国一直通过对成品油生产企业进行价格补贴来维持低油价，因此油价的管制难以持续。随着油气价格上涨，我国通货膨胀压力将进一步加大。大宗商品的国际价格上涨幅度远远超过汇率升值幅度，汇率改革后，我国汇率累计升值仅 20%。我国需求强大，同时缺乏产品的定价能力，仅仅是价格的接受者。因此，仅凭借汇率升值难以消化国际价格上涨因素的影响，大宗产品的国际价格通过进口对我国物价水平的冲击不断加大。

二、大宗商品向工业品的价格传导

大宗商品是我国进口产品的重要来源。随着我国经济增长步伐的加快，大宗商品在进口产品中的比重越来越高，成为我国进口商品的重要组成部分。大宗商品价格波动已成为影响我国通货膨胀水平的重要因素（表 4.2）。

表 4.2 我国部分进口大宗产品数量

年份	品种	数量	金额（万美元）
2007	玉米（万吨）	492	87 533
	大豆（万吨）	46	19 650
	氧化铝（吨）	31 893	1 878
	原油（万吨）	389	168 710

续表

年份	品种	数量	金额（万美元）
2007	成品油（万吨）	1 551	914 955
2008	玉米（万吨）	27	7 942
	大豆（万吨）	47	35 146
	氧化铝（吨）	44 142	2 956
	原油（万吨）	416	297 955
	成品油（万吨）	1 703	1 366 516

资料来源：海关总署历年统计数据。

随着进口大宗商品数量的增加，我国工业品出厂价格指数PPI与国际商品价格指数的相关性越来越大。从总体来看，IMF所有商品指数与中国PPI相关系数高达0.86，分类价格指数中，IMF食品价格指数与PPI（食品）分类指数相关系数为0.65，IMF能源价格指数与PPI（石油天然气）分类指数相关系数为0.96。原材料与燃料动力购进指数与IMF所有商品价格指数的相关系数达到了0.82（表4.3）。

表4.3　PPI与IMF商品价格指数相关系数

	IMF能源指数	IMF食品指数	IMF金属指数	IMF所有商品指数
PPI	0.82	0.44	0.61	0.86
PPI（石油天然气）	0.96	0.20	0.36	0.92
PPI（食品）	0.12	0.65	0.22	0.21
原材料燃动力购进价格指数	0.78	0.40	0.62	0.82
黑色金属购进价格指数	0.42	0.39	0.21	0.42
燃动力购进价格指数	0.93	0.15	0.44	0.91
有色金属购进指数	0.41	0.39	0.97	0.59

资料来源：中国经济增长与宏观稳定课题组：《外部冲击与中国通货膨胀》，《经济研究》2008年第5期。

从我国2008年通货膨胀形成原因看，能源与食品是引起通货膨胀冲击的主导因素。以核心通货膨胀率进行考察，扣除食品与能源价格上涨因素后，我国的核心通货膨胀率并不高。因此，食品与能源价格传导至关重要，食品价格主要受农产品价格影响，因此应重点研究农产品与能源价格，特别是原油价格走势至关重要。

（一）农产品的通货膨胀传导

农产品是食品的原材料和基础材料，农产品的价格往往会通过加工食品价格传导到下游，进而形成食品价格推动的成本推进型通货膨胀。在2008年通货膨胀中，我国农产品进口量越来越大（表 4.4），同时我国对国际农产品价格缺乏定价权，而美国推动实施的生物能源政策对农产品中的玉米等形成了长期的刚性需求，导致国际农产品价格不断上扬；美元的汇率持续走弱导致了大米、玉米等农产品价格的提高，上述因素共同作用，形成了国际上玉米价格不断上升的趋势。国际农产品价格不断上涨，使对农产品对外依存度越来越高的中国形成了强烈的通货膨胀。

表 4.4　中国主要进口农产品及比例

年度	进出口额（万吨）	进口额（万吨）	玉米进口（万吨）		大豆进口（万吨）		小麦进口（万吨）		棉花进口（万吨）	
2002	306.0	124.5	1.91	1.53%	24.83	19.94%	1.13	0.91%	3.63	2.92%
2003	403.6	189.3	11.87	6.27%	54.17	28.62%	0.86	0.45%	13.22	6.98%
2004	514.2	280.3	31.96	11.40%	69.79	24.90%	16.50	5.89%	32.13	11.46%
2005	562.9	287.1	32.21	11.22%	77.79	27.10%	7.73	2.69%	32.30	11.25%
2006	634.8	320.8	49.22	15.34%	74.89	23.34%	1.19	0.37%	49.48	15.42%
2007	781.0	410.9	35.35	8.60%	114.72	27.92%	0.29	0.075%	35.72	8.69%

资料来源：海关总署 2002—2007 年农产品进口统计数据。

从我国实际农产品价格走势来看，国外农产品价格对我国农产品价格走势有一定影响。但目前，我国农产品价格仍然主要由国内供求所决定。与化石能源等不可再生能源相比，农产品的价格取决于农产品市场供求，由于农产品需求是人类生存的基本需求，具有刚性的特点，而我国农业从总体来看，以家庭为经营单位，缺乏经营规模，总体人均产出水平低。根据农产品生产函数，近二十年来，农业生产技术进步缓慢，农产品产出总体靠土地与劳动力的持续投入。

目前，决定我国农产品的两大投入要素正面临缺乏供应保障的风险。由于城市化与工业化的影响，我国耕地面积不断减少，同时，农村的劳动力进城打工，减少了农业劳动力的投入，导致了我国农业生产中要素投入的减少。尽管最近几年我国粮食年年丰收，但农业产出总体增长幅度不大。如果因为突发性因素造成农业产出突然减少，那么就有可能造成农产品价格突然上涨。2007 年发生的猪蓝耳病造成了 1 000 多万头猪死亡，使猪肉的供给量迅速减少。猪肉在食品项中的比例为 15%，因此，猪肉价格突然上涨，对食品价格的冲击非常大，也成为 2008 年通货膨胀的主要结构性因素。食品价格在 CPI 中的比重为 34%，因此控制农产品价格成为控制通货膨胀率的重要手段。

我国是发展中国家，农业是国民经济发展的基础，“无农不稳”。作为有 13 亿人口的大国，我国应加强农业稳定生产，加快农业技术进步，适度提高农产品生产价格，增加农民生产的积极性。

（二）石油价格的通货膨胀传导

1. 石油价格与通货膨胀传导渠道的相关文献

从我国现有 CPI 构成[①]不难看出，石油价格并没有成为主要的构成部分。但我们认为，石油价格对通货膨胀的传导主要是通过对工业品生产成本、运输成本的增加影响下游产品的价格，从而推动通货膨胀率的增加。

从现有文献看，我国学者对石油与通货膨胀的关系进行了各种研究。史丹认为，国际石油价格波动会对通货膨胀产生或大或小的影响，通过进口渠道使输入国平均进口物价增加，从而影响输入国通货膨胀水平。[②]曾秋根分析了国际商品指数基金、油价上涨与通货膨胀预期的关系。石油期货作为一种投资品，因美元走弱引起的通货膨胀预期使商品基金对石油期货需求增加，使国际油价上涨，而国际油价上涨又强化了通货膨胀预期，形成了三者的螺旋式互动，推动国际油价与通货膨胀率的螺旋上升。[③]钱行认为，石油在国际贸易中的重要地位使我国成为通货膨胀的国际传导的重要国家。[④]王风云认为，国际油价变化率与我国通货膨胀变化率存在单向的格兰杰因果关系，即国际油价波动对我国通货膨胀率形成显著影响，而我国通货膨胀率对国际油气价格波动不具有单向影响。[⑤]田景惠认为，我国成品油定价与国际相比，不仅滞后，而且国内油气价格偏低，导致了需求的过度，引发了通货膨胀，紧缩性货币政策也无法对扭曲的能源定价方式加以调控，只有石油价格市场化才能解决因国际油价波动导致的输入型通货膨胀。[⑥]曹林阳通过 Almond PDL 估计模型的经验分析，得出的结论是国际石油价格波动在滞后六个月时会对我国通货膨胀率的波动产生显著影响。[⑦]

2. 我国石油供求状况分析及对外依存度

石油是工业的血液，国民经济的基础产业，为国民经济的各大部门提供能源，推动各行业发展。石油价格波动与石油供应量的增减会引起相应的产业关联效应。据研究，

① 中国现有的 CPI 构成中，食品权重为 34%，娱乐教育文化用品及服务占 14%，居住占 13%，交通通信占 10%，医疗保健个人用品占 10%，衣着占 9%，家庭设备及维修服务占 6%，烟酒及用品占 4%。现有的 CPI 构成中，食品成为最重要的组成部分，也往往成为改革开放以来中国历次通货膨胀的主因。

② 史丹:《国际油价的形成机制及对我国经济发展的影响》,《经济研究》2000 年第 12 期。

③ 曾秋根:《商品指数基金、油价上涨与通货膨胀预期的自我实现》,《国际金融研究》2005 年第 12 期。

④ 钱行:《通货膨胀国际间传导对我国影响的实证检验》,《数量经济技术经济研究》2006 年第 11 期。

⑤ 王风云:《国际石油价格波动对我国通货膨胀影响的实证分析》,《价格月刊》2007 年第 7 期。

⑥ 田景惠:《国内成品油价格倒挂是诱发通货膨胀的重要影响因素》,《中国石油大学学报》(社会科学版)2008 年第 4 期。

⑦ 曹林阳:《国际石油期货价格波动对我国通货膨胀率波动的影响——基于 Almon PDL 的经验证据》,《财经科学》2008 年第 12 期。

石油与处于下游的43个相关产业有密切的产业关联，石油价格的波动会产生相应的行业波及效应。

进入21世纪以来，随着国民经济的飞速发展，我国对石油等能源的需求逐年增加，石油对外依存度也不断提高，这对我国能源供应安全造成重大隐患。而且因缺乏国际石油定价权，国际石油价格上涨对我国形成了单方面的通货膨胀的影响。直观地看，我国石油供求关系如表4.5所示。

表4.5　我国石油对外进口与消费　（单位：万吨）

项目＼年份	1990	1995	2000	2004	2005	2006	2007
消费量	11 435.0	16 072.7	22 631.8	32 116.2	32 539.1	34 889.8	36 648.9
进口量	755.6	3 673.2	9 748.5	17 291.3	17 163.2	19 453.0	21 139.4
对外依存度（%）	6.61	22.85	43.07	53.84	52.75	55.76	57.68
项目＼年份	2008	2009	2010	2011	2012	2013	2014
消费量	35 776	39 733	44 564	45 975	47 965	49 800	522 013
进口量	17 888	20 379	23 931	25 378	27 100	28 200	31 000
对外依存度（%）	50	51.29	53.7	55.2	56.5	58.1	59.6

数据来源：《中国统计年鉴2007》和《中国统计年鉴2008》。

从表4.5可看出，我国在20世纪90年代初期，对石油的对外依存度仅为6.61%。随着经济发展，对石油的对外依存度逐年增加，到2014年已高达59.6%。我国石油对外依存度的日益增加，暴露了两个对中国经济发展的威胁：一是石油供应安全，我国不仅在石油供应数量上受制于人，而且由于长途运输，在运输安全上也受到诸多因素制约；二是石油价格波动对经济的冲击，尽管中国已经排在美国之后，成为世界第二大石油净进口国，但中国石油需求的刚性及一系列不合理的制度安排，使中国在国际油价波动中缺乏定价能力与价格谈判能力，只能作为价格的被动承受者。国际油价的波动也通过进口渠道向国内传递，石油对外依存度越高，对中国经济冲击越大。

（三）铁矿石的进口与价格传导

铁矿石是我国重要的进口矿产资源之一。随着铁矿石价格的不断上涨，我国进口数量的不断增加，铁矿石的对外依存度越来越高。2003年我国铁矿石对外依存度已经超过50%，铁矿石到岸价格年年增长，2008年更是达到了65%，铁矿石进口价格与对外依存度越来越高，对我国物价的冲击与影响也越来越大。

铁矿石行业发展受益于宏观经济快速增长所带来的钢铁下游主导行业，如汽车、造船、家电、机械、装备制造、集装箱及国家大型工程的超常规增长，钢铁产能利用率回升到 80% 以上，处于国际较高水平，2009 年仍有环比 1.5% 以上的增长。2008 年我国粗钢产量为 5.02 亿吨，同比增长 4.1%，占世界比重为 37.75%，占亚洲比重为 66.19%。2008 年的增速与 2001—2007 年产量的高速增长相比，增长速度下降主要是受金融危机影响，导致外需下降，出口下降。

钢铁行业的快速增长，带动了上游铁矿石的需求。国内铁矿石的产量已稳居世界第一位，且铁矿石的产量稳定增长，但我国铁矿石品位低，仅有2.8%属于富矿，国内产量增长速度滞后于钢铁增长速度，生铁产量的保证程度逐年下降。2004年全国进口铁矿石已达2.4亿吨，2006年我国铁矿石进口量达到32 600万吨，比2005年增加了5 100万吨。2008年，我国铁矿石进口数量平稳增长。根据海关的统计数字，2008年我国全年共进口铁矿石44 365万吨，同比增加5 999万吨，增幅为15.64%。其中进口量首次突破4亿吨大关，与国内原矿产量一同创下历史新高（表4.6）。

表 4.6　我国铁矿石供求状况一览

年份	2000	2005	2006	2007	2008	2010	2012	2013
进口量（万吨）	6 997	27 500	32 600	38 309	44 365	61 900	74 400	81 900
国内产量（万吨）	—	42 049	58 800	70 700	82 400	107 156	130 964	145 101
进口依存度（%）	—	56.7	52.6	52.3	51.8	55.56	71	68.8

资料来源：进口量来自海关总署。国内产量来源于国土资源部历年国土资源公报，进口依存度系作者计算。①

2009 年我国共进口铁矿石 6.27 亿吨，累计增长超过 40%，中国铁矿石对外依存度约为 50%。铁矿石的对外依存度增加，使我国因为铁矿石大量进口而受到的外部冲击增加。

三、PPI 向 CPI 的传导

2002 年以来，我国出现了 PPI 与 CPI 背离的现象，上游价格不断上涨，而下游的消费品价格直到 2007 年才开始上涨。李未无（2006）认为美元持续贬值导致人民币出现较大幅度的低估，影响了价格传导机制的正常发挥；原材料、能源价格在下游企业总体成本中占比较小，导致下游企业可以不通过涨价即可消化；国内原材料、能源等上游商品生产企业的垄断特征与下游商品生产企业面临的竞争非常激烈的市场结构，导致上下游

① 由于我国铁矿石品位较低，一般为 30% 左右，而进口铁矿石的品位一般在 60% 左右，因此在进行对外依存度折算时，进口铁矿石与国产铁矿石含铁量为 2：1，应该将国产铁矿石数量折半，即铁矿石对外依存度 = 进口铁矿石量 /（0.5× 国产铁矿石数量 + 进口数量）。

商品价格出现传导失衡。①

从图4.3中不难发现，1984—2008年，我国PPI与CPI存在很大的偏差，PPI与CPI的显著背离并非从2007年后才开始。相反，1984—2002年，PPI与CPI也存在显著背离。

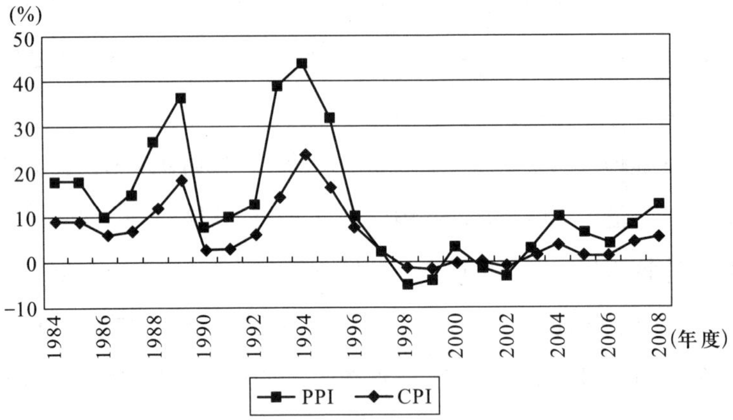

图 4.3　1984—2008 年我国 CPI 与 PPI 走势

资料来源:《中国统计年鉴 2009》。

将 PPI 与 CPI 相减，取差值，绘成图 4.4。从中不难发现，在经济处于增长期时，PPI 与 CPI 相比，属于先行指标，PPI 大于 CPI。当经济处于衰退期时，PPI 属于滞后指标，小于 CPI。2003 年开始，我国步入新一轮经济增长周期。到 2008 年，除少数年份外，PPI 始终大于 CPI，这也与从图 4.3 中观察到的 PPI 与 CPI 的走势规律相符合。

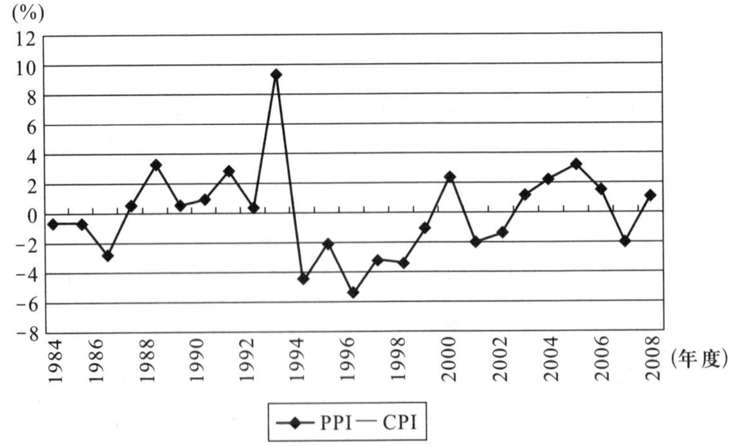

图 4.4　1984—2008 年我国 CPI 与 PPI 差值走势

资料来源:《中国统计年鉴 2009》。

① 李未无:《近年来我国上下游价格传导失衡分析》,《中国物价》2006 年第 8 期。

实际上，仅仅是因为2007年开始的上游资源性产品与下游竞争性商品的价格剪刀差造成PPI始终大于CPI，价格无法向下游传导，才导致价格传导失衡。这种看法有一定的道理，但是并非PPI始终大于CPI，否则无法解释衰退期间PPI小于CPI的现象。PPI与CPI均为价格指数，经济处于上升周期时，由于厂商扩大产能，对上游的能源、原材料等资源型产品需求增加，从而PPI迅速增加，而消费需求的增长取决于经济复苏状况及滞后的收入的增长，因此导致CPI在经济增长期要小于PPI。经济处于衰退期时，由于市场需求减少，厂商收缩生产规模，减少投资，对上游的原材料需求大幅度减少，使PPI迅速下降，而消费者对经济衰退的反应要滞后于厂商，因此，消费需求的下降缓于厂商，造成衰退期间PPI小于CPI。

根据对2007—2008年上半年的CPI与PPI的比较分析，我们不难发现，CPI比PPI的价格传导更灵敏。工业品与消费品在价格传导机制上的差异，一方面与二者在构成上的差别相关。由于PPI在构成上主要以工业品为主，CPI构成以消费品为主，因此彼此在指标构成与权重上存在很大的差别。另一方面，二者传导中的差异也与国家的价格管制政策相关。

从工业品的价格传导机理看，要从PPI顺利向下游传导，需要下游能够完全消化上游价格上涨带来的成本压力。根据商务部2005—2008年对600多种商品的调查分析（表4.7），发现绝大多数商品要么处于供求平衡状态，要么处于供大于求状态，供不应求的商品微乎其微，这样的供求状况使工业品价格上涨后，向下游传导的难度非常大。由于多年的改革与市场化，上述商品绝大多数属于已经市场化的竞争性产品，供大于求的市场竞争格局使价格很难向下游传导。

商务部调查显示（表4.7），2008年上半年中国商品市场供求总体平衡性继续增强。认为600种主要消费品市场供求总体平衡的意见比重为81.8%，比2007年下半年提高0.8个百分点；认为300种主要生产资料市场供求平衡的意见比重为85.2%，比2007年下半年提高2.7个百分点。从具体品种看，在600种主要消费品中，供求基本平衡的有491种，比2007年下半年增加5种；在300种主要生产资料中，供求基本平衡的数量达到235种，比2007年下半年增加95种。下游的终端产品始终无法通过大幅度涨价来消化上游原材料的价格上涨。

当然，PPI在2008年也处于高位，表明我国投资需求旺盛，带动了原材料与动力等方面的需求，形成了需求拉动型的通货膨胀。尽管PPI向CPI传导存在一定程度的障碍，但也形成了对我国物价稳定的压力。

表 4.7　商务部对 600 种主要商品供求的调查分析

（2005 年下半年至 2008 年上半年）

年份 / 供求状况	2005 年下半年		2006 年上半年		2006 年下半年		2007 年下半年		2008 年上半年	
供求平衡	172	28.7%	170	28.3%	172	28.7%	486	81%	491	81.8%
供过于求	428	71.3%	430	71.7%	428	71.3%	109	18.2%	101	16.8%
供不应求	—	—	—	—	—	—	5	0.8%	8	1.35%

资料来源：商务部 2005—2007 年公布的主要供求商品调查数据。

第三节　开放经济下中国通货膨胀的货币传导

根据弗里德曼的货币理论，通货膨胀本质上始终是一种货币现象，当大量货币追逐有限的商品货物时，将导致物价水平的持续上涨，形成通货膨胀。

我国通货膨胀的货币传导主要取决于外汇储备形成的基础货币供应量，而外汇储备主要又由经常项目下贸易收支与资本项目下的余额共同构成，这样国际货币传导就形成了以下逻辑：持续贸易顺差，强制结汇，汇率不变，汇率低估，升值预期强烈，国际热钱流入。尽管经过冲销，但大量的外汇储备增量仍然是构成冲击的主要因素。

随着我国外汇储备的不断增加（表 4.8），在现有强制结汇制度下，中央银行将不得不按照汇率发行基础货币，导致我国外汇占款形成的基础货币占总的货币发行量的比例不断增加，对国内物价水平的冲击也随之增加。

表 4.8　我国外汇储备、外汇占款与基础货币（2001—2007 年）

年份	外汇储备（亿美元）	外汇占款（万亿元）	基础货币（万亿元）	外汇占款 / 基础货币（%）	外汇占款变动额 / 基础货币（%）
2001	2 121.65	1.79	4.00	44.75	9.00
2002	2.32	4.48	51.79	11.83	11.83
2003	4 032.51	3.29	5.23	62.90	18.55
2004	6 099.32	4.90	6.27	78.10	25.68
2005	8 188.72	7.05	10.73	65.70	21.92
2006	10 663.44	8.40	9.33	90.00	14.47
2007	15 282.49	12.83	15.30	83.90	28.95

资料来源：中国人民银行 2001—2007 年度统计数据。

从近年来看，我国外汇储备增加主要来自贸易项目与资本项目。从贸易项目看，由于汇率升值导致我国出口出现一定下降，而进口由于物价上涨远远超过汇率升值，导致我国贸易项目的顺差减少。但是由于我国出口产品多为技术含量低的生活必需品，相对于需求方而言，属于刚性需求，仍然能够维持一定的贸易顺差。而资本项目下的热钱流入成为影响外汇储备增加的主要成因。

汇率升值预期下的资本流入是引起我国外汇储备中的资本项大幅度增加的原因。

汇率升值与资产价格的关系是学术界研究的热点问题。从资产价格的形成机理看，刘骏民等人认为，资产的定价取决于投资者对资产未来收入的现金流的估计，收入现金流的多少取决于个人的主观预期。[①] 因此，一切影响资产定价预期的因素均会影响资产价格的波动。如果汇率持续升值，将对投资者形成汇率持续升值预期，增加对资产的需求，推动资产价格的上涨，造成资产升值的自我实现。从国外资产价格与汇率升值关系看，德国、日本等国在汇率升值期间，均出现了资产价格的大幅上涨。

人民币汇率改革以来，我国相关主管部门的意图是希望通过汇率的灵活波动以减轻汇率升值的压力，减少外来冲击对我国经济的影响，并通过汇率升值减少贸易顺差，进而降低通货膨胀率。然而，人民币汇率改革以来，人民币呈现的是单边的升值，并没有达到减少外部冲击、降低通货膨胀率的目的。众多研究也发现，我国的汇率价格传导效应并不高，从实证研究看，试图通过汇率升值来降低通货膨胀是无效的。[②] 相反，热钱不断流入，资产价格不断膨胀，通货膨胀率也不断上升，成为我国经济运行中突出的问题。

人民币汇率升值背景下的资产价格膨胀是如何引起的？如果我们回头比较人民币汇率改革前和人民币汇率改革后我国外汇储备的变化，不难发现，人民币汇率改革前，我国外汇储备增长平稳。然而，随着汇率升值进程的深入，外汇储备的增加不断加快，尤其是汇率升值进入加速阶段后，外汇储备增加尤为明显。人民币汇率升值过程中，贸易收支顺差比例不断减少，而代表误差项的热钱在不断增加。以 2008 年第一季度

① 第二次世界大战后，众多学者多用模型研究宏观经济。然而，经济运行实践证明，仅仅依靠模型无法解决经济运行的资产价格波动等问题，以此为契机，预期理论开始兴起。自穆斯开创性建立预期理论以来，一些学者逐渐将预期因素列入宏观经济的研究中，从 20 世纪 60 年代开始，先后出现了以卢卡斯为首的理性预期学派。20 世纪 80 年代，行为经济学、行为金融学等学科兴起，使预期理论获得更广泛的应用。尤其在解释资产价格的形成与波动方面，预期理论具有强大的说服力。罗伯特·希勒在《非理性繁荣》一书中也反复阐述了心理预期与资产价格波动的关系，成为风靡一时的畅销书。

② 汇率的影响因素众多，比如即期汇率、利率差、国内外机警增长差等。仅仅凭借汇率的升值就认为可以抑制通货膨胀，实际上忽视了其他因素对汇率的影响。人民币汇率改革以来关于汇率价格传导的相关研究证明了我国汇率价格传导效应微弱，相关研究见范志勇、封北麟、陈六博、刘厚俊、王虎、戴国强等人的论著，这些实证研究说明，汇率升值不可能抑制通货膨胀。

为例，我国外汇收支中，误差项高达 1 000 多亿美元。截至 2008 年 6 月，我国的外汇储备已经达到 18 000 多亿美元。在外汇储备的增量中，热钱的比例居高不下，成为威胁我国经济运行的重大隐患。

2008 年以来，先后有中国人民大学、中国社会科学院、银河证券、上海证券等机构对我国热钱的规模、数量、进入渠道等进行了研究（表 4.9）。

表 4.9　我国热钱流入规模的测算 ①

研究者	研究机构	研究时间	热钱规模（万亿美元）
张明、徐以升	中国社会科学院	2008 年 6 月	1.75
胡月晓、李剑锋	上海证券	2008 年 6 月	0.60
郝大明	银河证券	2008 年 7 月	0.46

尽管上述研究结果存在一定的差异，但结果表明，我国流入的热钱均是在人民币汇率升值预期下进入的，这些热钱成为推高价格的主要因素。因此，人民币汇率升值与资产价格膨胀存在显著的正相关关系。由于人民币持续升值，这种单边升值引起了投机者对人民币升值的持续预期，预期一旦形成，便具有强大的惯性力量，具有自我实现的能力，将推动资产价格一路高涨。资产价格的高涨引致资产需求不断增加，导致境外热钱持续流入，使汇率不断升值。境外投资者可以在汇率升值预期作用下，投资在中国境内的资产，获得资产升值与汇率升值的双重升值。因此，国际热钱持续流入，使资产价格不断推高，为我国经济的安全运行埋下了隐患。

在人民币持续升值的预期作用下，国际热钱持续流入，成为我国近年来外汇储备增量的主要构成部分。由于人民币在汇率改革后持续的单边升值形成了人民币汇率升值的预期，导致热钱与汇率升值的自我实现效应。实践证明，这种由于预期而引起的资本流动实现了正反馈效应，国际热钱的流入持续不断增加。以 2008 年上半年为例，热钱流入占外汇储备增加的比例达到了 30%。

热钱的大量流入成为影响我国物价水平的重要因素，而热钱的大规模流入是在汇率持续升值的前提下形成的。因此，如果不结束目前的单边升值状态，国际热钱仍然会不断进入中国，对中国的物价水平形成持续上涨的压力（图 4.5 、图 4.6）。②

① 相关文献：张明、徐以升：《全口径测算中国当前的热钱规模》，中国社会科学院世界经济与政治研究所国际金融研究中心工作论文；胡月晓、李剑锋：《我国热钱规模测算和影响分析》，《上海证券》2008 年 6 月 16 日；郝大明：《2005—2008 年流入我国的热钱约为 4 593 亿美元》，《银河证券》2008 年 7 月 8 日。

② 外汇储备的增加表明我国货币发行的内生性增强。尽管中国人民银行对因外汇储备的增加采取了冲销，但效果不佳，外汇储备增加形成的货币冲击对我国物价形成了巨大的冲击，一些研究也表明外汇储备的增加构成了通货膨胀压力。

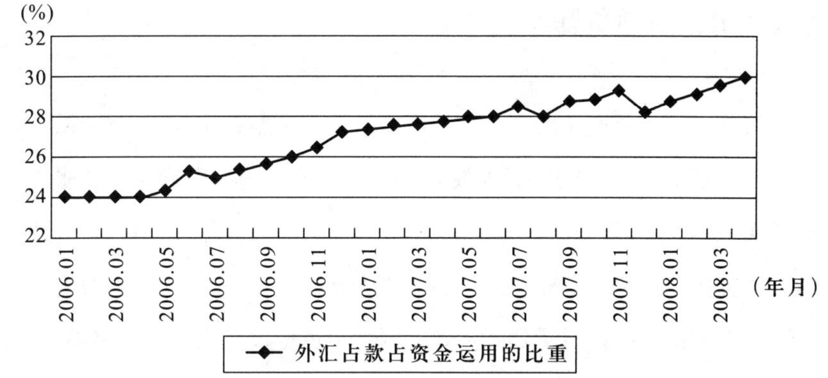

图 4.5　中国货币供应的外生冲击

资料来源：中国人民银行 2006—2008 年外汇储备统计数据。

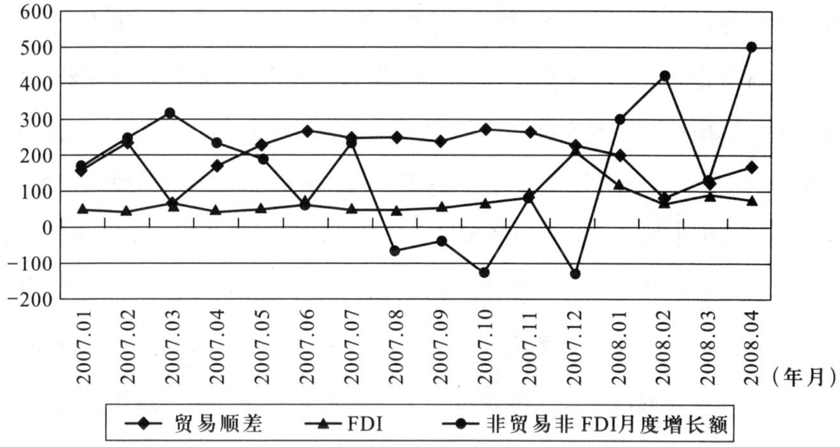

图 4.6　中国外汇储备月度增长结构

资料来源：国家外汇管理局 2007—2008 年外汇储备统计数据。

由汇率升值引起的资产价格上升往往形成资产泡沫，并最终以热钱的撤退而导致泡沫破裂。20 世纪 80 年代，中国台湾地区和日本就是因汇率升值引起资产价格泡沫，最终泡沫破灭而对经济造成沉重打击。

通过上述分析可以发现，在人民币汇率升值背景下，因外汇储备增加形成的货币冲击对我国通货膨胀率的上涨效应远远超过由于汇率升值造成的通货膨胀率的下降效应。因此，随着汇率升值的加速，我国通货膨胀也出现了加速上升，要改变现有的单边大幅升值，应逐渐稳定汇率，减轻汇率升值预期，加强对热钱的监管，通过调控减少对资产的需求。

第四节 资产价格对通货膨胀的传导

在开放经济状态下，资产（股票、房地产、外汇、金融衍生品）价格在资本流动下，通过财富效应、投资效应、资产负债表效应增加总需求，进而影响通货膨胀。资产价格与通货膨胀的关系历来是研究的热点之一。早在 1911 年费希尔（Fisher）就认为应该把资产价格纳入通货膨胀的判断指标中。[①] 尽管时至今日，各国中央银行并没有把资产价格纳入通货膨胀的判断指标中，通货膨胀传导的两大渠道也没有将资产价格纳入分析框架，但众多的研究文献发现了资产价格对通货膨胀的影响作用，且资产价格也是影响通货膨胀的主要先行指标。

按照通货膨胀的经典定义，通货膨胀是流通中的货币量超过了实体经济对货币的需求，使得总需求超过总供给，引起物价的持续上涨。然而，货币的多少不仅取决于中央银行发行的基础货币供应量，还取决于货币流通速度与银行信用创造。随着现代金融业发展的日益深入，虚拟经济与实体经济的背离程度不断加大，金融产品日益丰富，不少具有准货币性质的货币品种不断出现，如电子货币。此外，房地产、股票等资产也具有准货币性质，使得中央银行试图通过传统的对实体经济控制货币发行量的做法日渐式微。房地产、股票与金融衍生品、外汇在传统的思维中充当了吸收流动性的工具，然而由于财富效应与替代效应的存在，上述资产的准货币特征越来越明显。中央银行如果要抑制通货膨胀，仅仅将视野局限在传统的通过加息与提高存款准备金的方法上，其关注的指标局限在通货膨胀中的传统指标 CPI、PPI 上，那么通货膨胀治理效果将大打折扣。实际上，中国在治理 2008 年的通货膨胀中，多次使用加息、提高存款准备金的方式，但效果有限，CPI、PPI 仍然高居不下。而当全球金融危机发生后，全球资产价格（股价、房价）崩溃后，通货膨胀才出现明显的下降。资产价格对通货膨胀的影响在 2008 年通货膨胀中越来越突出。

从行为金融学理论来看，资产价格的不断上涨将引发人们的通货膨胀预期，通货膨胀预期又加速了资产价格的上涨，最终形成了资产价格的上涨与通货膨胀的相互自我实现。如 2009 年，全球通货膨胀的水平处于较低的状态，但随着资产价格在各国政府救市产生的大量流动性的冲击下，也存在未来发生通货膨胀的隐忧。

众多的研究发现，通货膨胀与资产价格存在密切关系，在通货膨胀的治理中需要高

① 路继业:《货币理论与货币政策的演变及其最新进展》,《金融纵横》2008 年第 5 期。

度关注这一先行指标。唐自元、周秋红发现中国上证指数与消费者价格指数存在正相关关系。[①] 王维安、贺聪通过对中国房地产市场的实证研究发现，房地产预期收益率与通货膨胀预期之间确实存在稳定的函数关系。[②] 段忠东发现，短期内，房地产价格对通货膨胀与产出的影响十分有限，长期则对通货膨胀与产出产生重要的影响，房价与通货膨胀、产出之间存在正反馈作用机制。[③] 董裕平发现，房地产价格上涨引起原有的比价利益关系失衡，使得原有的比价关系通过价格上涨恢复与房地产的比价关系，从而导致物价的总体上涨。[④] 丁攀等的实证研究表明，我国资产价格与通货膨胀之间确实存在长期的均衡关系，其中房价变动对通货膨胀的影响大于股价变动对通货膨胀的影响。[⑤] 传统的通货膨胀指标中缺乏资产价格类指标，使得学者提出要将房价等指标纳入通货膨胀指标中。冀翼、史玉涵认为，传统的 CPI 指标明显仅仅考虑了消费品价格，应该在制定货币政策时考虑资产价格。冀翼、史玉涵[⑥]，成家军[⑦]，王维安、贺聪[⑧] 等学者的研究表明，资产价格与通货膨胀存在显著的正相关关系。

持续的通货膨胀形成投资者的通货膨胀预期，出于资产保值增值的需要，投资者增加了对资产的需求，推动了资产价格的上升，资产价格的上升通过财富效应与投资效应增加社会总需求，推动通货膨胀的上升。根据上述研究，资产价格与通货膨胀的关系如图 4.7 所示。

在人民币升值预期背景下，单边升值导致了对我国国内资产需求的增加，资产价格的上升通过财富效应与投资效应推高了通货膨胀率，通货膨胀预期增加，进一步增加了对资产的需求，导致资产价格继续上涨，国外游资持续进入，人民币升值预期继续强化。因此，在人民币升值预期与通货膨胀预期两大预期的相互强化下，资产价格与通货膨胀率呈螺旋式上升，成为人民币汇率改革以来突出的经济问题。这两大预期的存在，使我国通货膨胀率居高不下。尤其是房地产业，2014 年前，我国绝大多数地区的房地产价格都在上升。房地产价格的长期高位运行，导致投机者对房地产资产需求增加，并通过投资效应增加了原材料与能源需求，导致铁矿石的进口价格不断暴涨，增加了通货膨胀压力。

---

① 唐自元、周秋红:《股票市场正相关影响通货膨胀的路径分析》,《技术经济与管理研究》2009 年第 1 期。

② 王维安、贺聪:《房地产价格与通货膨胀预期》,《财经研究》2005 年第 12 期。

③ 段忠东:《房地产价格与通货膨胀、产出的关系——理论分析与基于中国数据的实证检验》,《数量经济技术经济研究》2007 年第 12 期。

④ 董裕平:《通货膨胀与房地产市场的相关性分析》,《上海金融》2008 年第 11 期。

⑤ 丁攀、罗洋、罗江华:《我国资产价格波动与通货膨胀关系的理论研究与实证分析》,《海南金融》2009 年第 8 期。

⑥ 冀翼、史玉涵:《在通货膨胀中引入资产价格变量的探讨》,《海南金融》2008 年第 2 期。

⑦ 成家军:《资产价格与货币政策》，社会科学文献出版社 2004 年版。

⑧ 王维安、贺聪:《房地产价格与通货膨胀预期》,《财经研究》2005 年第 12 期。

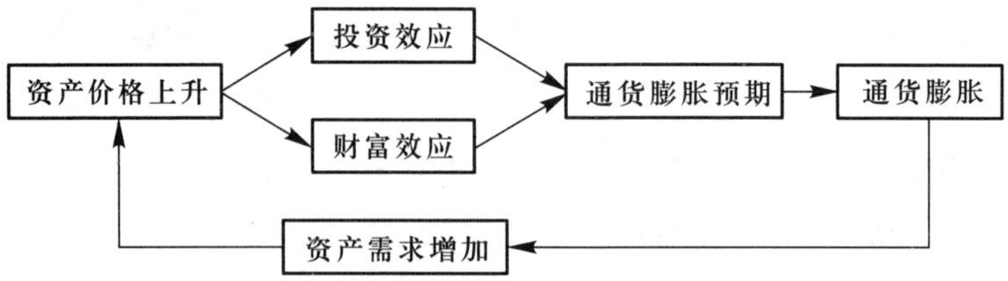

图 4.7　资产价格与通货膨胀的关系

戴国强、张建华通过实证研究发现，我国房价对通货膨胀影响非常显著，即房价上涨 1%，物价水平上涨 0.17%，而股票与汇率等价格传导机制不显著。[①] 因此，要治理我国现阶段的通货膨胀，房地产业应该实现“软着陆”，降低对房地产的需求，进而降低对相关产业链条上的工业品需求。

第五节　小结

（1）通货膨胀的传导主要有两类渠道，分别为物价渠道与货币渠道。两类渠道既有联系，也有区别。物价渠道主要通过国际贸易方式进行传导，而货币渠道主要通过外汇储备形成的基础货币供应对一国物价形成冲击。两者联系在于，国际收支的经常项目与资本项目共同构成外汇储备，成为货币冲击的组成部分。

（2）物价传导渠道表明，我国进口大宗商品价格与国际商品价格存在显著的相关性，通过进口渠道对我国工业品价格形成成本推动，但工业品向消费品价格传导存在一定的障碍。

（3）货币传导起因是我国持续的顺差引起汇率升值预期，引起国际热钱大量流入，导致外汇储备迅速增加，对我国物价形成冲击压力。但实证结果表明，外汇占款对我国物价冲击的影响不确定，可能的原因在于这些因外汇占款增加的货币进入了房地产等资产市场，减少了对商品物价的冲击。

（4）资产价格的传导渠道对通货膨胀有显著影响，通过实证分析，房价对通货膨胀的影响是逐渐增强的，资产价格可以作为通货膨胀的先行指标。

① 戴国强、张建华：《我国资产价格与通货膨胀的关系研究——基于 ARDL 的技术分析》，《国际金融研究》2009 年第 11 期。

第五章　开放经济下中国通货膨胀治理

根据开放经济下宏观经济分析框架，要治理开放经济下的通货膨胀，首先应考虑内部与外部的失衡状况。一国在对外开放过程中，从封闭经济走向开放经济，面临着内外目标均衡的问题。由于内外均衡对应的目标不同，内部均衡与外部均衡相互影响，甚至会产生冲突。因此，考虑开放经济下的通货膨胀治理，需要充分考虑内外均衡的相互影响，根据需要治理的通货膨胀种类与外部失衡状况，进行政策搭配，采取不同的治理方式。第三章、第四章对开放经济下中国通货膨胀的形成机理与传导机制的研究，发现我国经济结构失衡，尤其是消费与投资比例的失衡，是造成内部失衡的根本原因。内部失衡加速了外部失衡，而外部失衡又加速了对内部失衡的冲击。应在弄清内外失衡的机制及相互作用的机理后，采取相应的治理政策措施。

第一节　我国历次通货膨胀及治理比较

改革开放以来，我国先后发生过三次大的通货膨胀。我国政府针对各次通货膨胀，采取了各种不同的调控方法。根据这些经验的积累及总结，可以看出我国通货膨胀的演进路径与趋势，为未来的通货膨胀治理提供有益的借鉴。

经济发展同时实现内外均衡的理想状态是各国经济管理当局所追求的终极目标。概括起来，就是四个目标：经济增长、物价稳定、充分就业、国际收支平衡。然而，内外同时达到均衡仅仅是理想状态，现实中经济运行的状况与上述目标往往发生冲突，理论上最著名的是米德冲突与菲利普斯曲线。以米德冲突为例，经济增长与通货膨胀往往会发生冲突，经济增长意味着总需求的增加，必然会增加对产品与服务的需求，从而拉动物价的上涨。历史地看，大多数时候，高增长伴随高通货膨胀。[①] 同样地，就业与通货膨胀也存在替代关系。[②] 通过上述各指标间的理论关系分析可得出结论，同时实现内外均衡几乎是不可能的，唯一可行的就是根据发展情况对上述四个指标的轻重进行取舍。

改革开放以来我国就坚持以经济建设为中心，一切目标均以经济增长为核心展开。因此，1978—2008 年的 30 年间，我国经济平均增长率为 9.8%，而同时年平均 CPI 上涨率为 5.7%。[③] 根据米德冲突原理，高经济增长伴随高通货膨胀，改革开放以来先后发生了三次大的通货膨胀。

我国经济增长率与通货膨胀率存在显著的相关性。相关研究发现，经济增长率上升时，带动通货膨胀率上升；经济增长回落时，往往带动通货膨胀率的回落。但是经济增长率达到峰值时，通货膨胀率往往滞后一定时段达到峰值，而经济增长率回落达到谷底时，通货膨胀率往往同时回落到谷底。[④]

表 5.1 是改革开放 30 多年的经济增长与通货膨胀关系的全貌。从中可以看出，大部分年份，我国经济增长率是明显高于通货膨胀率的。经济增长率明显低于通货膨胀率的只有 1988—1989 年和 1993—1995 年，共 5 年。这些年份的高通货膨胀率主要是由我国在改革开放中价格闯关、房地产过热等引起的。

表 5.1　1979—2014 年经济增长率与通货膨胀率　（单位：%）

年份	经济增长率	通货膨胀率	年份	经济增长率	通货膨胀率
1979	7.6	1.9	1984	15.2	2.7
1980	7.8	7.5	1985	13.5	9.3
1981	5.2	2.5	1986	8.8	6.5
1982	9.1	2.0	1987	11.6	7.3
1983	10.9	2.0	1988	11.3	18.8

① 1992—2000 年美国凭借新经济增长模式成就长达 8 年的经济增长，其间保持了不到 3% 的低通货膨胀率，而同时经济增长达到了 5%。

② 就业与通货膨胀的替代关系是英国经济学家菲利普斯于 1958 年提出的，他认为要提高就业就得以高通货膨胀为代价，反之，维持低物价的代价就是低就业水平。

③ 许宪春：《改革开放以来我国经济增长与通货膨胀周期的简要分析》，《宏观经济研究》2009 年第 4 期。

④ 许宪春：《改革开放以来我国经济增长与通货膨胀周期的简要分析》，《宏观经济研究》2009 年第 4 期。笔者认为产生这种现象的原因在于经济增长到达峰值时，人们由于通货膨胀的预期使通货膨胀的趋势得以延续。而当经济处于谷底时，由于人们对经济增长的悲观预期，导致了通货膨胀预期也处于较低水平。

续表

年份	经济增长率	通货膨胀率	年份	经济增长率	通货膨胀率
1989	4.1	18.0	2002	9.1	−0.8
1990	3.8	3.1	2003	10.0	1.2
1991	9.2	3.4	2004	10.1	3.9
1992	14.2	6.1	2005	10.4	3.9
1993	14.0	14.7	2006	11.6	1.5
1994	13.1	24.1	2007	13.0	4.8
1995	10.9	17.1	2008	9.0	5.9
1996	10.0	8.3	2009	9.21	−0.7
1997	9.3	2.8	2010	10.45	3.3
1998	7.8	−0.8	2011	9.3	5.4
1999	7.6	−1.1	2012	7.65	2.6
2000	8.4	0.1	2013	7.67	2.6
2001	8.3	6.7	2014	7.4	2.0

数据来源：历年中国统计年鉴，2008 年数据来源于《2008 年国民经济和社会统计公报》。

改革过程在不断演进，中国经济增长的主要动力也在不断发生变化。从 20 世纪 80 年代的农村家庭联产承包责任制到 20 世纪 90 年代开始启动市场经济，2001 年后又加入世界贸易组织，融入全球化，我国成为世界经济影响力越来越大的组成部分。从整个改革开放的演进过程看，一是改革开放的地域越来越宽广，从国内到国外，从农村到城市；二是对外开放程度越来越高，1998 年以后，中国经济对外依存度越来越高；三是涉及行业越来越宽广，如第一、第二、第三产业的各行业均涉及；四是改革过程中存在经济改革与社会改革的不协调。

因此，研究改革开放以来历次通货膨胀的成因、治理及改革开放的演进对通货膨胀国际传导的影响有越来越重要的理论与现实意义。

一、1985—1989 年的通货膨胀

1985—1989 年的通货膨胀实际是从 1981 年开始的。1981 年我国的通货膨胀率仅为 2.5%，1981—1984 年我国通货膨胀率一直在低于 3% 的低水平徘徊，1985 年迅速增长到 9.3%，1986—1987 年小幅调整到 7% 左右，1988—1989 年则继续上涨到了 18% 左右（图 5.1），达到了通货膨胀的高潮，社会上出现了全面抢购风。这一时段的通货膨胀带有“摸着石头过河”的改革实验性色彩，无论是中央政府的宏观调控能力还是市场机制都还处于萌芽状态，缺乏市场调节机制，对价格如何有效调节供求缺乏根本性认识。20 世纪

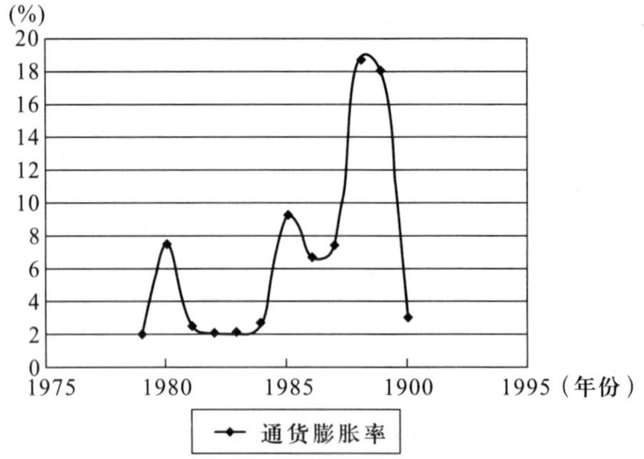

图 5.1　1975—1995 年的通货膨胀率

数据来源：历年中国统计年鉴。

80 年代放开价格后物资仍然处于短缺状态，因此，1988 年的物价改革推动了通货膨胀率在 1988—1989 年的强力攀升，随后在 1990 年，中央出台政策，压缩楼堂管所建设规模，减少投资需求，使通货膨胀率迅速回落到 3.1%。

二、1993—1995 年的通货膨胀

1993—1995 年，我国开始了长达两年的经济治理整顿，通货膨胀率维持在 3% 左右的水平。随着邓小平 1992 年发表著名的南方谈话，我国经济再次步入发展的快车道。1992 年秋“十四大”提出我国要逐步建立市场经济体制，为我国改革开放与经济建设指明了方向。两个重大事件产生共振作用，使我国经济在 1993—1995 年出现了房地产热、开发区热等经济过热现象，通货膨胀率分别高达 14.7%、24.1%、17.1%（图 5.2）。1991—

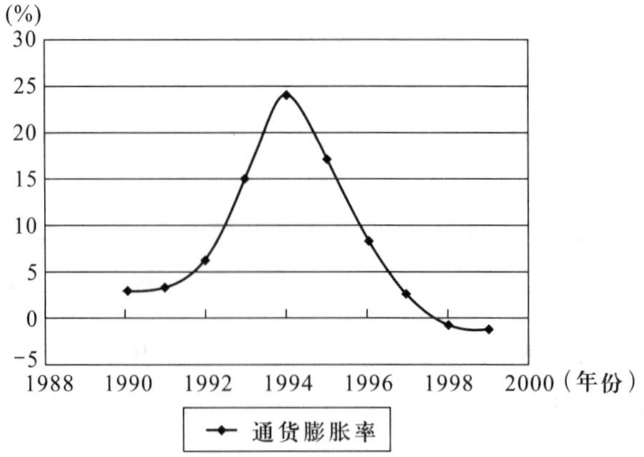

图 5.2　1988—2000 年的通货膨胀率

资料来源：历年中国统计年鉴。

1995 年经济增长率则分别高达 9.2% 、14.2% 、14.0% 、13.1%、10.9%。我国固定资产投资的过热，引起了紧缩性的调控，经过多次加息，再加上东南亚金融危机的影响，我国经济增速逐年降低，在 1998—1999 年两年间出现了负通货膨胀，首次出现了通货紧缩。

三、2007 年以来的通货膨胀

1998—2003 年，我国处于通货紧缩期。通货紧缩实际上意味着国内有效需求不足，这次通货紧缩持续时间长达 5 年，尽管我国在此期间相继采取了基础设施建设、房屋改革、医疗改革、大学扩招等措施，但上述措施的实施效果在 2003 年才逐渐显现。2001 年年底，我国加入世界贸易组织，成为全球经济的重要组成部分。中国融入世界经济，为我国经济的发展带来深远的影响。与此同时，出口迅猛增加，成为我国经济增长的主要动力。据国家统计局 2008 年 7 月公布的数据，我国经济对外依存度达到 70%，我国经济对外依存度的提高，既为 20 世纪 90 年代过剩的产能找到了可以消化的国际市场，也使我国经济受国际经济的波动与影响程度增加。尤其是国际通货膨胀可以通过国际贸易、资本流动等渠道影响国内通货膨胀。随着我国经济开放程度提高，因强制结汇等外汇占款因素也成为影响我国货币发行量的重要因素，对我国的通货膨胀率产生重大影响。2007 年开始，我国的高通货膨胀率居高不下（图 5.3），为治理此次通货膨胀，2007 年 1 月至 2008 年 10 月，中国人民银行先后采取了九次加息和六次提高存款准备金的措施。然而，通货膨胀率并没有因此得到有效控制，直到 2008 年 9 月美国次贷危机爆发，外需大幅减少，国际大宗商品价格也显著降低，我国的通货膨胀率才明显下降。

总之，改革开放以来三次大的通货膨胀经历表明，我国通货膨胀发生的年份，往往

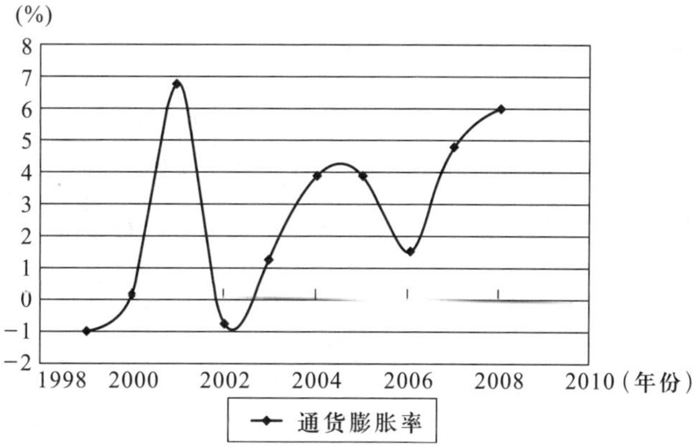

图 5.3　1998—2010 年的通货膨胀率

数据来源：历年中国统计年鉴。

是由于总需求中的固定资产投资过热，使得总需求扩大造成通货膨胀。然而，历次通货膨胀也伴随着我国经济对外开放程度的扩大、经济结构的调整、市场经济体制的逐渐完善，导致经济运行质量逐渐提高。

第三次通货膨胀的形成有着复杂的成因。从国内因素看，总需求中的消费因素从1998年以来一直表现疲软，即所说的内需不足，而内需不足在于收入分配严重失衡，形成了国富民穷的格局。政府积累的收入比重越来越高，而居民收入分配的比例越来越小。从居民的内部分配结果看，收入分配悬殊的现象越来越明显。由于财富越来越集中于少数富人手中，因此代表广大人群的中低收入阶层购买力严重不足，使内需中的消费部分占总需求的比例越来越小。2007年，我国消费率仅为35%左右，内需对经济带动的能力越来越弱，而我国居民的储蓄水平则呈不断上升趋势。①

一方面是不断萎缩的内需，另一方面是不断过剩的产能。据原国内贸易部1997年统计，在统计的600多种产品中，我国绝大部分产品已经供求平衡或者供大于求。经过20世纪90年代的迅猛发展，我国许多产品的产能已经过剩，在经济进入调整与衰退后，由于大多数居民购买力不足，导致内需不足，从而导致1998—2003年长达5年的通货紧缩。因此，从1999年起，消费不再成为引起通货膨胀的主要因素。相反，因我国加入世界贸易组织，我国的过剩产能通过国际贸易找到了出路，从而在世界经济进入新一轮经济增长后，我国经济也受外需驱动，开始进入新一轮增长。表现突出的是从2007年开始，我国出口与固定资产投资开始大发展，煤、电、油、运紧张，给我国经济运行带来了巨大的风险。

因巨大的外需推动，我国经济结构并没有在衰退期间得到有效调整，相反，外需的拉动使传统的高耗能、高污染、低产出的粗放型增长模式得以进一步加强，从而也使我国本已过剩的产能进一步扩张，对能源、原材料等基础产业的需求迅速增加。研究表明，这一阶段以能源、化工、冶金等重工业为主的发展模式被称为重化工业化，该阶段能源原材料消耗巨大。由于我国能源原材料的自给能力弱，对外依存度高，这使国际通货膨胀可以通过贸易渠道进行传导。因此，2007年以来，进出口对我国通货膨胀的影响越来越大。新一轮通货膨胀是在全球通货膨胀的大背景下形成的，因此与前面两次通货膨胀截然不同，必须运用开放经济状态下的宏观经济理论研究新一轮通货膨胀形成过程中的新问题。

---

① 邓翔、李锴：《中国城镇居民预防性储蓄成因分析》，《南开经济研究》2009年第2期。

第二节　货币政策、汇率制度的矛盾与通货膨胀治理

开放经济状态下保持内外均衡是经济运行的理想目标。在保持内外均衡的四大目标中，彼此往往存在众多矛盾与冲突。

三元悖论就是这一矛盾的集中体现。三元悖论是克鲁格曼于 1999 年提出来的，又称为克鲁格曼不可能三角形，其核心内容是在开放经济状态下资本自由流动、独立的货币政策、固定汇率三者不可以兼得。① 只能选择其中两种，而放弃第三个目标。三元悖论对于资本流动背景下的货币政策与汇率制度的选择提出了挑战。根据该悖论，在资本自由流动时，货币政策的独立性与固定汇率二者只能选择其中一个，而放弃另外一个。我国的汇率制度和货币政策的选择就面临这一矛盾。

汇率制度、货币政策是开放经济下通货膨胀形成的重要因素。根据国际货币数量论，一国的基础货币供应由两部分组成，即国内部分与国际储备部分，通货膨胀从现象上看，是一种货币现象，从治理通货膨胀的角度来说，除了要控制国内货币需求量，还应该关注外汇储备引起的基础货币发行的增加。而外汇储备与国际收支状况息息相关，也与汇率制度的选择相关，因此，治理通货膨胀既与货币政策密切相关，也与汇率制度密切相关。开放经济下的货币政策分析框架研究涉及货币政策、汇率制度、外汇冲销、外汇储备等问题，如何选择适当的汇率制度，保障货币政策的独立性，将对有效治理通货膨胀产生重要影响。

在选择固定汇率制度的情况下，一国出现通货膨胀，若采用紧缩性货币政策，必然导致利率上涨，国际资本流入，货币供应量增加，利率下降，通货膨胀加剧。

我国汇率政策的定位是促进国际贸易，为国家多创造外汇，以引进国际先进技术设备，增强我国国力。随着对外开放的不断深入，我国汇率政策的主要功能已经逐渐转变为促进国际贸易，增加出口，推动我国经济增长。随着我国加入世界贸易组织，出口快速增长，成为我国经济增长的主要动力。由于我国长期实行有管理的浮动汇率制度，1994 年以后，在国际收支中出现了长期双顺差现象，即经常项目与资本项目均出现了顺差。这一时期我国的汇率波动幅度非常小，与美元的汇率长期保持在 8.3，实质为固定汇率。即使 2005 年以后，我国进行了外汇改革，但汇率的波动呈现单边状态，仍然没有通过汇率波动对外汇的供求进行有效调节，使得我国汇率制度与货币政策及相应的目标产生了冲突。

①［美］多恩布什、费希尔、斯塔兹：《宏观经济学》（第 10 版），王志伟译，中国人民大学出版社 2010 年版。

一、现行汇率制度与货币政策目标的冲突

根据《中华人民共和国中国人民银行法》(简称《中国人民银行法》),我国货币政策的目标是维护物价稳定，并在此基础上促进经济发展。而我国目前所选择的汇率制度丧失了对外汇市场的供求调节，使得我国的外汇储备年年被动增加，也使我国的外汇占款在货币发行量中的比例越来越大，给我国物价水平的稳定带来了非常大的冲击，不利于我国实现物价稳定的货币政策目标。从2000年开始，我国外汇占款在基础货币中的比重不断增加，从2000年的48.52%增加到2008年的130%，已经成为我国发行的基础货币的主要来源(表5.2)。为维护我国汇率稳定，保护出口产业，不得不大量被动结汇，增加了基础货币发行量，影响了物价稳定。从汇率与货币政策的关系角度来看，这实际上是经济增长目标与物价稳定目标的冲突。

表5.2　1997—2008年外汇储备与外汇占款对基础货币的贡献率　(单位：亿美元)

年份	1997	1998	1999	2000	2001	2002	2003	2004	2005	2006	2007	2008
外汇储备	1 399	1 450	1 547	1 656	2 122	2 864	4 033	6 099	8 189	10 663	15 282	19 460
外汇占款/基础货币(%)	69.51	53.88	52.85	48.52	54.81	64.06	82.29	92.63	115.22	138.86	129.5	130.0

资料来源:《中国金融年鉴》及中国人民银行网站。

二、现行汇率政策与我国货币政策独立性的冲突

从人口与领土及综合国力看，我国是一个大国。作为大国，在经济上不可能过度依赖于外国，否则，我国经济安全难以得到有效保障。而保持货币政策的独立性正是我国经济主权的充分体现。现行的汇率政策，由于没有充分的外汇市场调节功能，使得货币需求的内生性越来越强，逐渐丧失了对经济的宏观调控功能。我国是一个由计划经济走向市场经济的转轨国家，政府对经济的宏观调控功能仍然需要得到保留，调控市场的主要手段为货币政策与财政政策。如果采用固定汇率政策或者单边的升值策略，将使我国货币政策的独立性越来越受到削弱，更无法保障货币政策的有效性，治理通货膨胀也就无法实现。我国在2008年先后多次采用提高利率与存款准备金率的手段治理通货膨胀，效果不佳。重要的原因在于我国为维护与美元挂钩的汇率制度，放弃了货币政策的独立性。紧缩性政策可以在一定程度上对国内的流动性产生作用，而国外不断进入的流动性，使得我国货币发行的内生性增强，通过货币政策治理通货膨胀的效果相对有限。

三、现行汇率制度下中美经济周期的差异

我国采取的与美元挂钩的汇率制度，其前提是我国与美国经济周期一致。但在实际经济运行周期中，我国与美国的经济运行周期难于一致，这种步调不一致的情形为我国实施现有的汇率制度造成了很大的困境。以本次中美经济周期为例，随着网络泡沫在2001年破灭，美国为追求经济增长，采取了过度宽松的货币政策，直到2004年，随着美国经济过热，才开始紧缩。而我国在2003年就已经出现了经济过热，按照内部均衡考虑，应该实施紧缩性货币政策，但因人民币与美元挂钩，不得不继续采取宽松的货币政策，为后来通货膨胀的持续走强埋下了隐患。

四、现行汇率制度增加了通货膨胀压力

汇率政策缺乏灵活性是本轮通货膨胀形成的又一重要原因。人民币汇率改革前，政府一直顶住升值压力，保持汇率不变，以维持出口部门的竞争力，使得我国凭借低成本优势获得出口竞争优势，从而形成了持续的贸易顺差。人民币汇率改革后，我国又维持单边升值的趋势不变，形成了人民币只能涨不能跌的升值预期。而强制结汇政策仍然保持不变，导致我国被动吸收和增发大量基础货币。因此，要有效治理开放状态下的通货膨胀，必须对汇率制度与强制结汇政策进行相应改革，否则我国货币政策的独立性将无法得到保障。

第三节　2007年以来通货膨胀的货币政策治理及成效评价

2007年以来的通货膨胀是我国在经济开放加速阶段出现的，是由众多因素共同构成的，既有偶然的一面，如农产品受突发性因素影响、猪蓝耳病等因素，也有长期的深层因素，如国际货币体系、经济增长方式。其中，受国际物价与货币冲击不断加大，在通货膨胀治理上存在非常大的困难，实践也证明，尽管采取了持续紧缩性的货币政策治理本轮通货膨胀，实际收效甚微。我国CPI与PPI分别在2008年7月和2008年10月达到峰值后，才进入下降通道，而进入下降通道的原因在于全球经济的衰退。因此，研究如何改进我国通货膨胀治理的长效机制，确保我国物价稳定具有重要的现实意义。

一、2007年以来通货膨胀治理的货币政策回顾

2007年以来发生在全球与中国的通货膨胀已经成为过去，然而，此次通货膨胀值得我们深思。从本轮通货膨胀的成因来看，表面原因是受国际因素推动；从本质上看，与历次通货膨胀截然不同，具有深刻的背景。实际上暴露的是我国经济增长方式的不合理及汇率制度、货币政策应对通货膨胀的低效。

在治理本轮通货膨胀的过程中，中国人民银行先后多次上调利率与存款准备金率，试图通过持续的紧缩性政策将通货膨胀率降下来。然而事与愿违，中国的PPI直到2008年10月依然高达10%，直到全球油价崩溃后，通货膨胀率才下降。尽管治理通货膨胀有时滞效应，但不得不承认，面对错综复杂的全球经济与我国现有的货币政策框架和汇率政策，我国的经济增长方式不合理，中国人民银行对本轮通货膨胀的调控空间非常小。通货膨胀仅仅是表面现象，如果不对影响和导致本轮通货膨胀的深层次原因进行挖掘，那么下次这样的通货膨胀发生时，我们可能仍然无能为力。

从根本上看，影响我国本轮通货膨胀的深层次原因是经济增长方式。我国经济增长方式加速了对投资与净出口的依赖，出现了持续的外部失衡。进入21世纪以来，我国进入了工业化与城市化加速发展的阶段，对资源与能源的对外依存度增加。从2003年开始，我国就出现了煤炭、电力、石油、运输的紧张。同时，2001年以来，中国加入世界贸易组织使出口迅速增加，城市化与工业化进程加快带动了总需求提升，经济出现了过热，使得我国从2005年开始进入了货币紧缩周期。2005年7月至2008年9月，中国人民银行先后多次上调存贷款基准利率和银行存款准备金率，并大量发行央行票据，实施了前所未有的紧缩性货币政策。2007—2008年中国货币政策调整情况如表5.3。

表5.3　2007—2008年中国货币政策调整情况

年月	消费物价指数	货币供应M2同比增幅（月末）	货币政策
2007年1月	2.20%	15.90%	1月15日，上调存款准备金率0.5个百分点
2007年2月	2.70%	17.80%	2月25日，上调存款准备金率0.5个百分点
2007年3月	3.30%	17.30%	3月18日，上调金融机构人民币存贷款基准利率0.27%
2007年4月	3.00%	17.10%	4月16日，上调存款准备金率0.5个百分点
2007年5月	3.40%	16.74%	5月15日，上调存款准备金率0.5个百分点。5月19日，一年期存款基准利率上调0.27个百分点，一年期贷款基准利率上调0.18个百分点
2007年6月	4.40%	17.06%	6月5日，上调存款准备金率0.5个百分点

续表

年月	消费物价指数	货币供应 M2 同比增幅（月末）	货币政策
2007 年 7 月	5.60%	18.48%	7 月 20 日，上调金融机构人民币存贷款基准利率 0.27 个百分点
2007 年 8 月	6.50%	18.09%	8 月 15 日，上调存款准备金率 0.5 个百分点。8 月 22 日，一年期存款基准利率上调 0.27 个百分点，一年期贷款基准利率上调 0.18 个百分点
2007 年 9 月	6.20%	18.50%	9 月 15 日起，金融机构一年期存款基准利率上调 0.27 个百分点，由现行的 3.60% 提高到 3.87%，一年期贷款基准利率上调 0.27 个百分点，由现行的 7.02% 提高到 7.29%
2007 年 10 月	6.50%	18.47%	10 月 10 日，中国人民银行决定从 2007 年 11 月 26 日起，上调存款类金融机构人民币存款准备金率 0.5 个百分点
2007 年 11 月	6.90%	18.45%	11 月 8 日，中国人民银行决定从 2007 年 12 月 25 日起，上调存款类金融机构人民币存款准备金率 1 个百分点
2007 年 12 月	6.50%	16.72%	12 月 21 日起调整金融机构人民币存贷款基准利率，一年期存款基准利率上调 0.27 个百分点，一年期贷款基准利率上调 0.18 个百分点
2008 年 1 月	7.10%	18.94%	从 2008 年 1 月 25 日起，上调存款类金融机构人民币存款准备金率 0.5 个百分点
2008 年 2 月	8.70%	17.48%	—
2008 年 3 月	8.30%	16.29%	从 3 月 25 日起，上调存款类金融机构人民币存款准备金率 0.5 个百分点
2008 年 4 月	8.50%	16.94%	从 4 月 25 日起，上调存款类金融机构人民币存款准备金率 0.5 个百分点
2008 年 5 月	7.70%	18.07%	上调存款类金融机构人民币存款准备金率 1 个百分点，于 6 月 15 日和 25 日分别按 0.5 个百分点缴款
2008 年 6 月	7.10%	17.37%	—
2008 年 7 月	6.30%	16.35%	—
2008 年 8 月	4.90%	16.00%	—
2008 年 9 月	4.60%	15.29%	9 月 16 日起，下调一年期人民币贷款基准利率 0.27 个百分点，其他期限档次贷款基准利率按照短期多调、长期少调的原则作相应调整，存款基准利率保持不变
2008 年 10 月	4.00%	15.02%	10 月 15 日起下调存款类金融机构人民币存款准备金率 0.5 个百分点；10 月 9 日起下调一年期人民币存贷款基准利率各 0.27 个百分点，其他期限档次存贷款基准利率作相应调整

资料来源：根据 2007—2008 年中国人民银行公布的历次中国货币政策调整信息整理。

在治理1988—1989年、1993—1994年的两轮通货膨胀中，我国采用了紧缩性货币政策，并成功实现了经济的软着陆。因此，货币政策在治理经济过热时，收到了一定的效果。但前两轮通货膨胀治理的背景条件是：我国经济对外开放度低，经济受外部冲击与影响小。

在我国加速融入世界经济的进程中，经济增长对外依存度已经远远超过20世纪八九十年代。在现有的国际货币体系下，美元成为全球交易结算的主要货币，造成了全球流动性过剩。在该背景下，我国货币政策的内生性增强，独立性减小，持续的紧缩政策并没有为经济带来降温。相反，我国经济仍然保持高速增长，直到2008年7月CPI达到惊人的8.7%，才在美国金融海啸冲击下开始调整。

二、2007年以来通货膨胀治理失效的原因

我国在本轮治理通货膨胀过程中一如既往地采用紧缩性货币政策，且在2007—2008年多次采用加息与提高存款准备金率的方式。然而，无法像以往两次治理那样使过热的总需求迅速得到冷却。原因在于，前两次我国经济尚未处于产能过剩状态，产品对外依存度不大。随着我国加入世界贸易组织，对外开放程度扩大，汇率政策基本固定，使得调节市场波动的灵活性差，在我国外汇收支持续顺差的情况下，外汇占款的比重越来越大，货币发行的内生性增强，完全改变了过去以国内需求为主的局面，而仅仅靠事后的发行中央银行票据回收流动性收效不大。实际上，2007年我国经济领域出现了持久的流动性过剩现象，对我国2008年的通货膨胀造成了很大的冲击与影响。总体来看，我国货币政策治理失效有以下原因。

1. 内外失衡加剧通货膨胀

开放经济下通货膨胀属于内部失衡，即失去了物价稳定。由于在开放经济状态下，一国政府要考虑的目标不仅有物价稳定，还有经济增长、充分就业、国际收支平衡，其中，经济增长、物价稳定、充分就业属于内部均衡的范畴，而国际收支平衡属于外部均衡的范畴。开放经济下出现通货膨胀，与一国在封闭状况下出现通货膨胀的治理有很大的不同，封闭经济中的通货膨胀是由于其国内总供求失衡造成的，影响因素在内部，可以通过财政政策与货币政策治理。而在开放经济状态下，通货膨胀不仅来源于内部因素影响，更受到外部因素的冲击与影响，需要结合开放经济下的宏观经济分析框架，理清开放经济下出现通货膨胀时的国际收支状况，共同决定通货膨胀的治理。

根据蒙代尔对开放经济下的宏观经济政策搭配的观点，一种政策应针对能够发挥最

大政策效果的任务，财政政策用于应对内部失衡，货币与汇率政策用于外部失衡治理，只有综合应用各种政策搭配，才能解决开放经济下通货膨胀的治理问题。

我国从 1994 年汇率并轨以来，就进入了连续的双顺差。因此，我国经济在 1994 年后一直存在外部失衡。而内部失衡一直是我国治理的重点，为抑制经济过热造成的通货膨胀，我国先后采取了一系列的紧缩性政策，随后在 1996 年实现了经济的软着陆。综观前面三轮通货膨胀的治理，我国采取的治理政策均是通过财政与货币政策搭配实现内部均衡，最终实现经济增长与物价稳定的目标。但在 2007—2008 年的通货膨胀过程中，我国出现了内部与外部同时失衡的现象，如何治理内外的双重失衡，需要考虑新的治理方式。

由于我国本轮通货膨胀成因复杂，既有国内因素影响，也有国际因素影响；既有短期的冲击，更有长期性因素影响。因此，在治理上存在很大的困难，治理通货膨胀需要采用紧缩性政策，但紧缩性政策又将导致国际热钱继续流入，增加通货膨胀压力；如果采用宽松政策治理外部失衡，将面临治理通货膨胀失效的问题。因此，要综合应用财政、货币、汇率、产业政策，使我国经济恢复内外均衡。

根据我国通货膨胀与贸易顺差并存的实际状况，应采取财政与货币政策实现内部均衡，采取汇率与货币政策实现外部均衡。同时，从影响我国通货膨胀的长期因素出发，采用产业政策调节我国经济增长方式，采用贸易政策调整国际收支。

2. 中央银行独立性的缺失

中央银行独立性是确保一国货币当局能够充分运用货币政策治理通货膨胀，以达到实现物价稳定的政策目标的根本保障。从我国中央银行的实际来看，尽管《中国人民银行法》规定地方政府不得通过中央银行融资，发行债券，也不得为政府财政赤字融资，但我国的中央银行——中国人民银行，仅仅是国务院的一个直属部门，缺乏重要的货币政策的决策权，包括利率、汇率、货币发行量等重要货币政策变量的决定权归属于国务院。更重要的是，因为重要的货币政策决定权在国务院，而我国政府目前对经济增长与物价稳定的关系采取的是相机抉择的方式，经济过热，往往采取紧缩政策降温，经济偏冷，则采取宽松的财政与货币政策刺激经济。与西方发达国家的货币政策目标不同，稳定物价是西方国家中央银行的首要目标，而我国政府长期以来一直坚持以经济建设为中心，实际上是将经济建设放在第一位，一旦出现经济增长与通货膨胀间的矛盾时，经济增长成为必然选择，这样一来，中央银行就丧失了维护物价稳定的权力，我国政府在处理对外贸易中选择经济增长，就牺牲了汇率的调节功能。尽管 2005 年后的人民币汇率改革在一定程度上保持了汇率浮动，但浮动空间小，仍然没有达到调节的目的。

3. 货币政策目标的冲突

开放经济下我国货币政策的中介目标与最终目标决定了我国货币政策的走向。从国外的中央银行实践来看，由于中央银行独立性强，货币政策的中介目标与最终目标均由中央银行决定，因此，能够确保中央银行中介目标与最终目标达到预期效果。但如果中央银行缺乏独立性，那么中介目标与最终目标的实现将无法得到保障。

货币政策中介目标是中央银行为了把货币供应控制在确定的目标而采取的一种货币供应控制指标。一般说来，货币供应的中介目标包括利率与货币供应量。从货币政策中介目标来看，中国人民银行于1996年把货币供应量纳入货币政策中介目标。中央银行的货币供应量实质为基础货币供应量，中央银行通过控制基础货币供应量以达到最终控制货币发行的效果。从实际运行效果来看，货币供应量能够满足经济增长的货币需求。但根据《中国人民银行法》，货币供应量的决定权在国务院，中国人民银行无权决定货币发行量。因此，根据对中介目标的控制来实现对通货膨胀的控制，是无法实现抑制通货膨胀的效果的。

从最终目标来看，名义上我国货币政策的最终目标是维护币值稳定，实际上我国货币政策的最终目标是经济增长。改革开放以来，我国一直坚持以经济建设为中心，对出现的宏观经济波动采取的是凯恩斯的相机抉择理论，通过采取反周期方式来调节宏观经济的波动。由于经济增长成为中心，因此，为刺激经济，政府往往会采用扩张性的货币政策。2009年就是较为突出的例子，为避免经济下滑，实施了“4万亿”投资与近10万亿元的信贷刺激经济。经济增长成为排在第一的目标，因此，即使中央银行名义上有维护币值稳定的责任，实际上由于经济增长目标的影响，货币政策的最终目标——维护币值稳定无法实现。

4. 汇率制度僵化加速了货币冲击

汇率制度的僵化不仅使汇率丧失了国际收支的调节功能，更重要的是引发了持续升值的预期。根据米德冲突，在一个固定汇率制度下，持续的国际收支顺差容易引起外部的货币冲击。我国的汇率制度采用的是与美元挂钩的方式，实际上接近为固定汇率制度，且从1994年开始的贸易与资本项目的双顺差积累了持续升值的压力。同时，我国实行的强制结汇制度也使我国在汇率政策的使用上过于强化，实际上使中央银行承受了外汇管理的成本与压力。通过外汇储备——基础货币发行量这一渠道，我国因外汇储备而引起的通货膨胀压力在持续加大。尽管我国中央银行也采取了积极的外汇冲销政策，但随着冲销政策的边际效应递减，冲销政策在减少货币冲击方面的作用也在降低。由于本轮通货膨胀是在人民币汇率单边升值与持续的货币紧缩下出现的，汇率政策的僵化与单边升值强化了人民币持续升值的预期，引起了国际热钱的持续流入，使货币政策产生的紧缩性效应不敌因人民币单边升值带来的过度流动性对宏观经济的冲击，从而使紧缩性货币政策的效力大打折扣。

5. 国际物价的冲击

国际物价的冲击是引起我国通货膨胀的又一重要原因。由于我国长期实行粗放式的经济增长方式，要素的投入对经济增长影响非常大。随着我国经济规模的持续增加，对资源的消耗也持续增加，能源、原材料等商品的对外依存度越来越高，受国际物价冲击影响也越来越大。因此，2007 年以来的通货膨胀的深层次原因在于我国能源、农产品要素价格与国际价格接轨，存在价格重估。[①] 尽管我国对石油价格存在一定的管制，减轻了进口原油价格对通货膨胀的影响，但油价的上涨仍然对我国通货膨胀的水平造成了一定影响，而该影响难以通过紧缩政策消除。

综上所述，通货膨胀的成因是多方面的，既有货币因素的冲击，也有物价因素的冲击。还有预期因素引起的热钱持续流入，不仅有短期因素的冲击与影响，更多的是长期因素的作用。国外物价与货币的冲击是全球性的，在我国对外依存度非常高、资源对外依存度越来越大的情况下，仅仅依靠紧缩性货币政策已难于治理开放经济下我国的通货膨胀，要治理我国现有经济增长方式与货币政策框架下的通货膨胀，必须采取长期与短期结合、国际与国内因素全面考虑，综合进行治理，才能有效治理我国开放经济下的通货膨胀。

第四节 小结

（1）改革开放以来的历次通货膨胀的治理表明，我国新一轮通货膨胀是在内外共同失衡下形成的。要有效治理，不能采取前面两轮通货膨胀那样的方式，必须针对经济增长方式综合治理，解决好总需求结构的失衡，从而减少外部的失衡，减少外部货币因素的冲击。

（2）我国货币政策与汇率制度在治理通货膨胀上存在冲突。货币政策存在多目标，

① 林峰：《紧缩性货币政策应对当前通货膨胀的低效性》，《经济理论与经济管理》2008 年第 10 期。

而汇率政策的目标则是单目标，维持经济增长。汇率制度使我国货币政策丧失了独立性，无法应对持续的货币冲击，使得通货膨胀无法通过货币政策得到治理。

（3）2007 年以来的通货膨胀治理失效的原因在于内外同时失衡，货币政策丧失独立性与汇率制度的僵化。

第六章　通货膨胀发展趋势

从通货膨胀形成角度看，我国上一轮通货膨胀表现为：开放经济状态下，初级产品如石油、铁矿石、粮食价格上涨，通过贸易与货币渠道传递到了我国，形成了包括需求拉动、成本推进、货币投放等多种因素导致的混合型通货膨胀。然而，这仅是影响通货膨胀的直接因素与短期因素，影响通货膨胀的长期因素则是总供求因素与持续的货币供给。

开放经济下的中国通货膨胀是多种因素共同作用和影响而形成的。2007 年以来的通货膨胀已经逐渐消除，但应该看到的是此轮通货膨胀的形成与国际因素密切相关，带有很大的外部冲击因素，无论是从理论成因还是从通货膨胀实际运行来看，外部冲击的影响是巨大的，2007—2008 年通货膨胀的消退却是 2008 年全球金融危机爆发后发生的。一旦外部冲击的因素没有改变，那么未来我国仍然存在通货膨胀压力。而持续的货币供给增长与通货膨胀指数的转正，引起了人们对未来通货膨胀加速发展的担忧。

尽管 2009 年中国通货膨胀的发展趋势总体是由通货紧缩转向正的通货膨胀指数，全年通货膨胀率仅仅为 0.7%，但在经济恢复等因素的影响下，我国通货膨胀率正在大幅度回升。2010 年 2 月，我国消费价格指数已经达到 2.7%，逼近 3% 这一敏感区域，也更进一步加剧了人们对通货膨胀的担忧。通货膨胀这一问题再次成为社会各界关注的焦点，那么应该如何看待通货膨胀的未来发展趋势？

第一节 短期冲击对通货膨胀趋势的影响

从影响我国通货膨胀形成的物价与货币冲击因素来看，我国未来通货膨胀的压力仍然存在。

首先，全球与我国“救市”发行的大量货币增加了通货膨胀压力。国际货币体系没有改变，全球货币泛滥的格局没有改变，尤其是全球金融危机爆发后，全球各国都先后通过了庞大的救市计划，释放了大量的流动性。2008 年 10 月，美国国会通过 500 亿美元的救市计划；2008 年 8~12 月，欧洲通过 2 万多亿美元的救市计划。2008 年年底，为摆脱经济衰退，我国政府宣布了“4 万亿”的投资计划，增加了通货膨胀压力。全球流动性的大量释放暂时缓解了经济进一步衰退，采用凯恩斯的理论虽然可以抑制通货紧缩，解救经济于一时，但从经济周期来看，目前全球经济仍然处于调整与恢复期，短期难以实现高速增长，这与上一轮通货膨胀的高增长背景形成了反差。尽管 2009 年全球与中国货币大量发行的结果是，资产价格迅速上涨，而通货膨胀指数没有大的增长，表明实体经济仍然不景气，虚拟经济吸收了大量增加发行的货币。从中期来看，由于实体经济需要一个库存调整甚至产业结构调整过程，货币的增加发行通过资产价格引发了人们的通货膨胀预期，没有对实际的通货膨胀水平造成影响；但从长期来看，大量流动性的释放，使得形成通货膨胀的货币条件仍然具备，这增加了通货膨胀发生的压力。

其次，大宗商品价格仍然可能出现新的冲击。尽管实体经济复苏缓慢，但因大宗商品定价受到投机因素的影响，在全球大量释放流动性的背景下，大量的投机资金将对具有投机价值的大宗商品期货形成冲击，并通过贸易渠道对我国物价形成冲击。我国原油、铁矿石等大宗商品的对外依存无法在短期内改变，且缺乏定价权，因此，因大宗商品价格恢复性上涨而引起的冲击仍然存在。2009 年国际原油价格从最低的 30 美元 / 桶上涨到了 80 美元 / 桶。

从我国货币与汇率政策来看，由于各国急于摆脱经济衰退，以减轻政治压力，在汇率上对我国施加压力，尤其美国为减少本国失业率，减少国际贸易逆差，以我国连续多年双顺差为由，压迫我国汇率升值。如果我国汇率再次进入升值的轨道，那么因此而来的国际短期资本冲击将加大对我国的货币冲击。

最后，我国农产品可能存在短期供给缺口。从我国历次的农产品价格波动来看，有效供给不足是引起农产品价格波动的重要原因。其中突发性事情是影响农产品有效供给的重要因素，如 2007 年影响猪肉价格的猪蓝耳病，造成生猪出栏量大幅度减少，导致价格突然上涨。2010 年我国仍然存在影响农产品价格的突发性事件，西南地区的大旱灾已经造成农作物大幅度减产，部分农产品价格出现了明显上涨，农产品供给出现缺口，已经对我国通货膨胀产生了新的压力。

从物价与货币冲击的影响程度来看，目前对我国物价形成冲击的条件已经具备，一旦引发，将对我国物价水平造成实质性的影响。

第二节　长期趋势对通货膨胀的影响

影响我国通货膨胀的长期因素是总供求状况。根据第三章的研究结果，目前我国总体上是总供给大于总需求，从 1998 年起我国就告别了短缺时代，进入了产能过剩时代。我国的投资又源源不断地提供新增产能，国内过剩的产能通过出口得到消化，投资—产能过剩—出口消化形成了一个循环，导致我国经济增长对出口与投资的依赖越来越严重。

从短期看，投资可以增加当期需求，使得总需求增加，但会增加物价上涨压力。从长期看，投资意味着不断增加新的产能。在我国消费增长远远跟不上投资增速的前提下，尽管剩余产能可以通过外需加以吸收，但是过多依赖外部需求，不仅会增加外部冲击，也容易引起贸易纠纷。过度依赖外需，还导致了我国经济运行安全差，一旦外需出现大幅度萎缩，而内需在短期内又无法迅速接替，将导致我国经济陷入通货紧缩的困境。2008 年 9 月至 2009 年 1 月，我国经历了从通货膨胀迅速转到通货紧缩的过程，造成这一过程的原因在于我国的外需迅速减少，作为主要经济增长来源的净出口出现了大幅度下降，使我国经济突然陷入了困境。这一事实表明，依赖投资与净出口尽管在一定条件下能保持高增长，但必然存在相应的代价，一旦支持这种增长模式的外部条件发生改变，那么这种增长模式将难以为继。从 2009 年全球经济运行的实际结果来看，尽管我国经济以 8.7% 的经济增长率在全球独树一帜，但相比西方发达国家微弱的经济增长率，我国的消费需求没有大的增长，净出口对经济增长的拉动能力减弱。其中，货物出口 12 017 亿美元，下降 16.0%；货物进口 10 056 亿美元，下降 11.2%；进出口差额（出口减进口）1 961 亿美元，比上年减少 1 020 亿美元，表明净出口对我国经济的拉动能力大幅度减弱。2009 年对主要国家和地区货物进出口额及其增长速度的统计结果如表 6.1 所示。

表 6.1　2009 年世界主要国家和地区货物进出口额及其增长速度

国家或地区	出口额（亿美元）	比上年增长（%）	进口额（亿美元）	比上年增长（%）
欧盟	2 363	–19.4	1 278	–3.7
美国	2 208	–12.5	774	–4.8
中国香港	1 662	–12.8	87	–32.6
东盟	1 063	–7.0	1 067	–8.8
日本	979	–15.7	1 309	–13.1
韩国	537	–27.4	1 026	–8.5
印度	297	–6.1	137	–32.3
中国台湾	205	–20.8	857	–17.0
俄罗斯	175	–47.1	213	–10.7

资料来源：《2009 年国民经济和社会发展统计公报》。

投资对经济增长的拉动能力得到了强化，进一步强化了我国经济对投资的依赖性，也使我国经济消费与投资比例进一步失衡，在外需难以在短期内大幅增加的情况下，我国结构失衡与产能过剩的状况将更加严重，可能造成我国经济如 1998 年金融危机后，形成通货紧缩。

从 2009 年我国经济运行实际状况来看，实体经济虽然有所恢复，但整体低迷的状况没有根本改变，全年居民消费价格比上年下降 0.7%，其中食品价格上涨 0.7%，固定资产投资价格下降 2.4%，工业品出厂价格下降 5.4%，生产资料价格下降 6.7%，生活资料价格下降 1.2%，原材料、燃料、动力购进价格下降 7.9%，农产品生产价格下降 2.4%，农业生产资料价格下降 2.5%，价格的下降将弱化实体经济的恢复。

从长期来看，我国只有转变经济增长方式，以消费需求的增长为主要经济增长来源，进一步带动投资的增长，相应地减少对净出口的依赖，使我国的产能能够主要靠国内需求得到消化，这样才能够避免出现通货膨胀与通货紧缩的不断转化，避免经济的大起大落。

第三节　通货膨胀预期对通货膨胀趋势的影响

2009 年我国提出了“保 8”的目标，并且实施了一系列宽松的财政与货币政策，经济刺激计划的结果是，2009 年全球与中国经济暂时摆脱了持续下滑的危险境地，世界经济逐渐复苏，我国也在 2009 年取得了 8.7% 的经济增长。但上述经济刺激计划存在潜在的通货膨胀压力。经济刺激政策下新型信贷的过度扩张，使得大量增发货币进入房地产与股票两大资产市场，推动两个市场的价格迅速增长，出现了虚涨实缩的局面，使人们增加了通货膨胀预期。由于住房支出已经成为居民实际上的最大支出，尽管住房销售价格并没有纳入通货膨胀指数，但住房价格的持续上涨引发了人们对货币贬值的担忧，在预期因素的作用下，形成了住房价格上涨的正反馈效应。

一、通货膨胀预期对经营者行为的影响

经过 2008 年全球金融危机的冲击与影响，在 2009 年经济刺激政策的大环境影响下，我国企业与企业家信心开始得到恢复，工业品出厂价格指数也开始逐渐转正。时任国务院总理温家宝在总结预期对投资者与消费者的心理影响时说“信心比黄金重要”①。随着我国产品出厂价格的回升，我国企业家对未来也逐渐出现了良好的心理预期（表 6.2），投资活动有所增加。

表 6.2　2009—2010 年企业家信心指数与企业景气指数

时间	企业家信心指数	企业景气指数
2009 年第一季度	48.8	55.1
2009 年第二季度	58.1	58.1
2009 年第三季度	67.5	67.5
2009 年第四季度	74.6	74.6
2010 年第一季度	79.5	79.5
2010 年第二季度	78.8	78.8
2010 年第三季度	79.4	79.4
2010 年第四季度	74.2	74.2

资料来源：中国人民银行 2009—2010 年企业家信息与企业景气指数调查报告数据。

在表 6.2 中，企业景气指数从 2009 年第一季度开始摆脱低迷状态，出现了大幅度上升。而我国企业家信心指数从 2009 年第一季度的 48.8 上升到 2010 年第一季度的 79.5，表明我国企业家对经营的预期是良好的。企业家信心指数的增强，企业景气度的回升，表明总体上企业家是具有未来物价的上涨预期的。只有在物价上涨的预期下，企业家才有可能对未来经营增强信心，才能够不断增加投入，扩大投入规模。

企业家信心的增强与我国宣布的“4 万亿”投资密不可分。“4 万亿”投资大大增加了总需求，造成了未来我国物价不断上涨的压力。尽管从 2009 年我国工业品出厂价格的

① 2009 年 3 月 13 日十一届全国人大二次会议胜利闭幕。会后，时任国务院总理温家宝与中外记者见面并回答记者提问时说的话，载人民网：http://book.people.com.cn/GB/69839/217128/217129/16499770.html。

实际走势来看，PPI 指数仍然没有转正，但 PPI 指数下降趋势在不断缩小。而实际表明，我国企业投资行为的先行指标采购经理指数（表 6.3）也在不断上涨。按其运行规律，采购经理指数突破 50% 就表明企业对未来的生产经营行为充满信心。我国制造业采购经理指数从 2009 年 3 月就已经达到了 52.4%，2009 年 12 月达到 56.6%，2010 年 12 月稳定在 53.9%，表明企业家对投资行为充满信心。企业家预期的上升，必然会带来物价上涨的预期，对未来通货膨胀形成冲击。

表 6.3 中国采购经理指数（2009 年 1 月—2010 年 12 月） （单位：%）

年月	制造业	较上月增长	非制造业	较上月增长
2009 年 1 月	45.3	4.10	55.7	13.80
2009 年 2 月	49.0	3.70	41.9	–9.10
2009 年 3 月	52.4	3.40	55.7	13.80
2009 年 4 月	53.5	1.10	59.0	3.30
2009 年 5 月	53.1	–0.40	60.9	–1.90
2009 年 6 月	53.2	0.10	55.4	–5.50
2009 年 7 月	53.3	0.10	58.9	3.50
2009 年 8 月	54.0	0.70	59.9	1.00
2009 年 9 月	54.3	0.30	58.9	–1.00
2009 年 10 月	55.2	0.90	62.1	3.20
2009 年 11 月	55.2	0.00	52.3	–9.80
2009 年 12 月	56.6	1.40	57.5	5.20
2010 年 1 月	55.8	–0.80	55.1	–2.40
2010 年 2 月	52.0	–3.80	46.4	8.70
2010 年 3 月	55.1	3.10	0.0	0.00
2010 年 4 月	55.7	4.11	57.8	8.04
2010 年 5 月	53.9	1.51	58.1	5.83
2010 年 6 月	52.1	–2.07	58.8	6.14
2010 年 7 月	51.2	–3.94	57.1	–0.35
2010 年 8 月	51.7	–4.26	58.0	1.22
2010 年 9 月	53.8	–0.92	57.9	0.00
2010 年 10 月	54.7	–0.91	57.4	–3.53
2010 年 11 月	55.2	0.00	58.9	0.86
2010 年 12 月	53.9	–4.77	58.8	0.00

资料来源：中国物流与采购联合会。

二、通货膨胀预期对消费者行为的影响

2009—2010 年年初，我国居民的通货膨胀预期同样强烈。中国人民银行对 2010 年 2 月中下旬在全国 50 个大、中、小城市进行的城镇储户问卷调查结果显示：预测下季物价上涨的居民比例比上季略有下降，但季节调整后的居民通胀预期仍显示为上涨，未来物价预期指数为 65.6%，说明我国居民仍然对通货膨胀具有强烈的预期。

表 6.4　消费者信心指数（2009 年 1 月—2010 年 12 月）

年月	消费者预期指数	消费者满意指数	消费者信心指数
2009 年 1 月	100.1	103.0	101.3
2009 年 2 月	99.9	102.6	101.0
2009 年 3 月	99.0	102.4	100.3
2009 年 4 月	99.6	101.8	100.5
2009 年 5 月	100.3	102.4	101.2
2009 年 6 月	100.1	102.3	101.0
2009 年 7 月	101.1	103.6	102.1
2009 年 8 月	102.0	103.8	102.7
2009 年 9 月	102.2	103.7	102.8
2009 年 10 月	102.6	104.0	103.2
2009 年 11 月	103.0	103.8	103.3
2009 年 12 月	104.0	103.8	103.9
2010 年 1 月	104.6	104.8	104.7
2010 年 2 月	104.5	103.7	104.2
2010 年 3 月	107.9	107.5	108.2
2010 年 4 月	106.6	106.2	106.8
2010 年 5 月	108.0	107.7	108.2
2010 年 6 月	108.5	107.8	108.9
2010 年 7 月	107.8	106.4	108.6
2010 年 8 月	107.3	106.2	107.9
2010 年 9 月	104.1	103.4	104.5
2010 年 10 月	103.8	103.1	104.1
2010 年 11 月	102.9	102.5	103.1
2010 年 12 月	100.4	100.1	100.6

资料来源：国家统计局网站。

我国居民对通货膨胀的预期同样可以从消费者信心指数（表 6.4）反映出来。从我国消费者信心指数与预期指数变动情况来看，2009 年 1~6 月，我国消费者预期指数与消费者信心指数均稳定在 100 左右。从 2009 年 7 月开始，我国消费者预期指数与消费者信心指数分别从 7 月的 101.1 与 102.1 上涨到 2010 年 6 月的 108.5 与 108.9，说明我国居民对物价上涨的预期不断增强。

从物价实际运行状况来看，整个 2009 年我国消费者价格指数仍然运行在很低的区间，并没有突破传统的警戒线 3%。但 2009 年近 10 万亿元的信贷扩张，引起了居民广泛的通货膨胀预期。没有造成消费品价格迅速上涨的主要原因在于，2009 年全球经济与我国经济仍然处于调整与复苏阶段，引起物价大规模上涨的因素不存在。因此，总体来看，物价是比较稳定的。但是由于货币发行过多，为避免资产贬值，居民增加了对房地产与股票等资产的需求，资产价格出现了显著上涨。由于 2009 年，经济仍然处于复苏期，通货紧缩依然存在，企业经营仍然存在很大困难，大量救市货币的发行，超过了同期我国的经济增长水平与通货膨胀率之和。2009 年 2 月到 2010 年 3 月，我国月均广义货币供应量的增幅均超过了 25%，大量资金进入了股票与房地产市场，导致了股票指数与房地产价格的持续上涨，2009 年我国上证指数从 1 664 点最高上升到了 3 478 点，房地产价格平均上涨了 50%。2009 年资产市场吸收了大量的救市货币，资产价格的大幅度上涨正是人们为防范通货膨胀而避险形成的。资产价格的上涨，具有三方面意义：一是资产价格是通货膨胀的先行指标，资产价格上涨在前，通货膨胀在后，资产价格对通货膨胀的形成具有指引作用；二是资产价格的上涨通过财富效应与投资效应等渠道扩大了总需求，增加了通货膨胀压力；三是资产价格的上涨增强了人们的通货膨胀预期。根据预期理论，一旦这些预期不断加强并自我实现，最终将转化为现实的通货膨胀。因此，我国未来通货膨胀的压力仍然较大。从国际上看，由于全球普遍大量增发救市资金，导致全球可能出现新一轮流动性泛滥，成为全球通货膨胀新的货币成因，并导致大宗商品价格重新上涨，对资源依赖程度高的中国可能形成新的物价冲击。从货币渠道看，由于中国经济在 2009 年仍然保持了较快的发展速度，且长期的双顺差将加剧国际资本继续流入，导致人民币汇率升值，形成新的外部货币冲击。从国内来看，房地产已经成为 2009 年我国实现“保 8”的主要力量。房地产业的发展，除增强通货膨胀预期以外，房地产投资本身也是投资需求的重要组成部分，还可以与实体经济建立联系，房地产投资需求的增加，能够带动众多关联产业发展，总需求增加，导致我国通货膨胀的压力增加。

三、通货膨胀预期对货币政策的影响

把通货膨胀预期纳入管理，并且作为调控通货膨胀的手段之一，表明了我国政府在增强通货膨胀管理水平，提前防范通货膨胀方面的巨大进步。从上一轮通货膨胀的形成机理来看，预期因素尤其是汇率升值预期因素对我国造成了巨大的货币冲击，成为影响通货膨胀形成的重要因素。

由于资产价格的上涨引发了人们的通货膨胀预期，而人民币汇率升值预期仍然存在，并成为中美两国在国际收支问题上最突出的争论焦点，与此同时，我国消费者价格指数不断上升，2010 年 2 月已经达到了 2.7%，更进一步增强了人们的通货膨胀预期。通货膨胀预期心理的自我强化并形成正反馈效应，最终导致通货膨胀的自我实现是货币政策需要管理通货膨胀预期的根本原因。为此，2009 年年底的中央经济工作会议和 2010 年的《政府工作报告》中均明确提出了要有效管理通货膨胀预期。

要有效管理通货膨胀预期，就应该给予经济活动的参与者以明确的心理预期，确保货币政策的稳定。然而，由于我国在货币政策的实践中遵循的是多目标政策，往往导致在经济增长与通货膨胀的关系上摇摆不定，这样的相机抉择很难使经营者与消费者形成稳定的心理预期。我国仍然处于经济复苏期，尽管过度宽松的货币政策造成未来的通货膨胀压力非常大，但为确保经济的恢复，政府依然选择确保经济增长为最优目标，物价的稳定不得不让步于经济增长。因此，只有将物价稳定作为货币政策的唯一目标，并建立通货膨胀目标制，约束货币发行的泛滥才能避免其他目标对货币政策形成干扰，这样才有助于形成稳定的预期。

上述分析表明：尽管 2008 年通货膨胀暂时回落，2009 年我国出现了通货紧缩，但是从国内外大的环境看，造成和引发通货膨胀的主要因素是国际物价与货币冲击，我国的汇率与货币政策没有大的变化，国际货币体系、分工格局、经济增长方式没有根本改变。通货膨胀预期与人民币汇率升值预期依然存在，只要全球经济重新进入复苏的轨道，那么，由于引发下一轮通货膨胀的基础条件仍然具备，未来我国通货膨胀压力仍然非常大。因此，需要有效引导通货膨胀预期，并考虑过度宽松的货币政策的推出时机。

第四节　小结

（1）我国未来仍然面临因货币大量增发而引起的物价与货币冲击，可能造成结构性价格上涨。

（2）我国的总需求结构表明，我国长期存在因投资与消费失衡而引起通货紧缩的可能。

（3）治理金融危机时发行的大量货币没有进入实体经济，而进入了具有虚拟经济性质的房地产与股票市场，加剧了通货膨胀预期。

第七章　结论与建议

根据前述研究，2007 年以来的通货膨胀与改革开放以来的前两次通货膨胀相比，无论成因、传导渠道、治理方式，均有很大的区别。2007 年以来的通货膨胀既有国际背景，也有国内工业化、城市化进程加速的背景，这样一来，仅仅采用前面两轮的治理方式，难免显得低效甚至失效，因此必须对开放经济下通货膨胀进行综合治理。宏观方面，要从增长方式、货币政策与汇率制度改革方面出发，逐步减轻长期因素对通货膨胀的影响；微观方面，要从合理引导通货膨胀预期等方面综合治理开放经济下的通货膨胀。

第一节　转变经济增长方式，推进内需型经济增长模式的形成

通过对中国经济增长与通货膨胀的关系研究，我们不难发现，中国的通货膨胀的根源在于不合理的经济增长方式，这种不合理的经济增长方式造成了我国经济对外依存度过高、内需不足、中小企业发展与科技创新滞后。经济增长不得不严重依赖投资与净出口，加大了资源耗费和环境污染，形成了一条高污染、高消耗、低产出、低收入的发展模式。从可持续发展经济学的角度来看，这样的经济增长模式不具有可持续性。我国对外资源与能源依存度过高，容易受到外部因素的冲击。2007 年以来的通货膨胀对我国经济的冲击已经在很大程度上暴露了这种经济增长模式的危害性。为减少开

放经济状态下通货膨胀的外来冲击，调整经济结构已经迫在眉睫。2009 年中央经济工作会议明确提出了要调整经济结构，促进内需的增长，使中国经济的增长走上一条健康的可持续发展的道路。2010 年国务院《政府工作报告》也明确提出要转变经济增长方式。

为有效调整结构，促进经济增长方式的转变，一方面，要立足于中国经济发展的开放加转轨的实际情况；另一方面要有效吸取国外转变经济增长方式的有益经验，推动我国经济增长方式转变平稳有序进行，减少因过于依赖资源发展经济而形成的对通货膨胀的冲击。

与国外经济增长的贡献率比较，我国无论是投资率还是对外依存度均处于国际最高水平。长期以来，我国过分注重 GDP 的增长，忽略了收入分配的调节，导致反映居民收入差距的基尼系数在 2008 年达到了 0.48。收入分配的差距不断加大，使我国内需无法有效扩大，而导致收入分配差距扩大的根源在于不合理的社会保障体制与财税政策。

从社会保障来看，初次分配讲效益，再次分配应该讲究公平。本应作为社会保障性质的医疗、教育、住房完全市场化，忽视了不同收入阶层承受能力的差距，导致占大多数的一般收入居民无法承受高昂的教育费用、医疗费用、住房费用，大大压缩了其他消费开支。

从财税政策看，政府税收过度注重对工商业与居民个人的税收，而对资产征收的税收几乎还是空白。随着我国股票市场与房地产市场的发展，股票与房产已经成为居民与机构持有的主要资产。然而，针对这两类资产在持有、转让、继承等环节的税收仍然是空白，导致富人对财政贡献越来越小，更多的中低收入者成为承担国家税收的主力军。不合理的财税政策使我国企业税赋过重，平均税率达到了 40% 左右，不利于企业的经营发展，也抑制了居民的消费能力。社会保障的缺位与财税制度的不合理使我国收入分配极不合理，不仅内需无法提振，也使企业家对经营实体经济缺乏兴趣，转战到收益高、见效快的股票与房地产市场，造成了产业的空心化。

生产、交换、分配、消费是有效促进经济运行的四个轮子。任何一个轮子缺失，都将导致经济秩序受到破坏。当前，我国经济已经迫切需要转到内部增长为主的模式上。为此，加强社会保障建设，进行医疗、教育、住房的再改革，改革不合理的财税制度已是释放居民购买力、建设内需增长模式的必然之路。

首先，要逐渐完善全民医疗保障制度，制定国家医疗保障规划。

明确中央政府与地方政府在医疗保障中的作用地位与医疗保障的持续投入，建立医院分级收费制度，提高医疗保障水平与保障范围，建立全国性的医疗保障规划，明确医疗保障的目标与任务。

其次，提高教育质量，抛弃盲目扩张、重量不重质的思路。

将高等教育从盲目扩大规模转变到重视提高教学质量与学术水平的道路上来，增加教育与科研的投入。从我国与其他国家在教育投入的国际比较看，教育经费投入偏少，甚至还不如印度等发展中国家。因此，要加大在研究方面与奖学金方面的投入，建立鼓励学术研究的激励机制，提高教育发展水平。

再次，要进行住房制度再改革。

我国经济对房地产过度依赖，不仅导致房价不断攀升，引发了社会的不满情绪，也助长了社会的投机心理，增加了金融风险与通货膨胀的预期。

我国房价的不合理①，既有分税制改革后地方政府财政匮乏的因素，也有住房全面市场化的制度根源，还有对房地产投机行为的打击不力。客观来看，房地产已经对中国的经济发展形成了制约，土地财政的盛行，导致地方政府缺乏产业结构调整的动力。综观世界各国，没有将房地产列为支柱产业来发展的，凡过度依赖房地产取得增长的国家，最终只能以崩溃告终。②

因此，我国政府应坚定决心，完成经济增长方式从过度依赖出口与房地产转移到增加内需和逐渐淡化房地产支柱产业地位上来。增加房地产开发项目的自有资本金比例，将房地产注重交易环节税收过渡到持有环节上来，减少房地产投机行为，使房屋回归到居住特性，减轻实体经济与虚拟经济的偏离，以维护社会稳定与降低金融风险，释放被房地产束缚的购买力，增加社会有效需求。

最后，要改革财政税收制度。

我国税收总体存在对实体经济征收的平均赋税水平过高的情况。由于我国大多数企业属于劳动密集型企业，企业平均利润低，不仅造成职工工资收入水平的低下，也造成企业缺乏后续的研究开发资金，使企业在发展上重视规模、追求重复建设，加大了对资源的消耗与浪费。因此，要适当降低企业税赋，鼓励企业进行研究开发，走内涵式发展道路。

① 已有众多的学者从房价收入比、房屋租金比等指标来研究房价的合理度。研究发现，我国平均房价收入比为 10，个别城市如北京、上海、深圳房价收入比已经达到 20 以上，房屋租金比也高达 700：1。

② 房地产的金融属性与社会属性决定了过度依赖房地产为支柱产业或经济增长点的发展模式，均在不断增大泡沫后，最终以崩盘告终。比较著名的案例有 1989 年日本房地产泡沫崩溃和 2007 年房地产泡沫崩溃导致美国次贷危机爆发。

第二节　加速资源要素定价改革，促进资源的储备与合理利用

建议加快资源定价改革，促进资源的合理利用，逐步推行资源定价与国际接轨。加大矿产资源，尤其是能源的战略性储备，鼓励到海外开采国家急需的矿产资源，扩大我国矿产资源来源的多元化，多参与大宗商品的期货贸易，探索在我国开展资源类产品期货，取得部分产品的定价权。

我国经济的发展面临三方面问题：一是工业化与城市化进程的加快，使我国对资源的需求不断增加；二是我国资源利用效率低下，面临节能减排的艰巨任务；三是我国的能源战略性储备尚未建立，资源类产品缺乏定价权，不得不被动承受国际产品价格上涨输入的压力。而我国对于能源等资源价格实施价格管制，扭曲了价格的市场需求调节功能。随着我国资源对外依存度增加，为促进资源定价的合理化，促进节能减排与提高资源利用效率，资源价格与国际接轨已成为必然趋势。只有逐渐放开我国资源类型产品的价格，并推广节能技术，全方位加强资源的储备，使资源的来源多元化，我国才能在激烈的国际竞争中立于不败之地。

第三节　改革汇率制度，推进人民币国际化

我国的汇率制度与强制结汇制度使我国外汇储备强制增加，被迫增加基础货币发行量，增加了通货膨胀压力。因此，要转变这一被动状态，应该从改革强制结汇制度与汇率制度着手。

首先，要将强制结汇制度改变为自愿结汇制度。

我国的强制结汇制度的实施是实行出口创汇、奖出限入政策的结果，也是为了加强外汇管理。但随着我国外汇储备的大幅度增加，甚至在 2007 年引发流动性过剩之后，如何使我国外汇保持适度的规模，既减少外汇储备增加引起的基础货币发行的冲击，也减少对外汇资源的浪费已经成为降低通货膨胀的必由之路。我国已经告别了外汇短缺，应该将强制结汇改为自愿结汇，减少因此而被动增加的基础货币发行。

其次，要逐步使我国的汇率制度由盯住美元的汇率制度向浮动汇率制度转变，减少外部冲击对我国经济的影响，从而获得货币政策的独立性与有效性。

虽然我国目前采取的是以市场供求为基础、参考一篮子货币进行调节、有管理的浮

动汇率制度，但实际上还是盯住美元，而没有考虑长期的双顺差对汇率升值的压力。为维护汇率稳定、增加出口，导致了汇率扭曲，使热钱投机人民币汇率升值成为无风险套利活动，增加了通货膨胀压力。因此，我国应逐渐实施浮动汇率制度，在出口企业逐渐提高对汇率浮动风险适应能力之后，通过浮动汇率调节外汇供求，减少固定汇率对通货膨胀的传导。

再次，外汇储备来源应多元化，减少对美元的依赖。

我国外汇储备中美元过多，大量的外汇储备购买美国国债，使我国经济被动地与美国联系在一起。而美元在布雷顿森林体系崩溃后的长期走弱，使得我国被迫承担美元持续贬值的风险，因此，建议推进外汇储备的多元化，减少我国外汇储备对美元过度依赖，降低外汇储备贬值的风险。

最后，推进人民币国际化步伐。

逐步在国际贸易中推行人民币贸易结算，扩大人民币在国际贸易中的使用范围，为我国日益增加的外汇储备寻找出口。长期以来，我国外汇储备的持续增加，人民币汇率的持续升值，与人民币在国际贸易中结算比例过低分不开。大量采用美元为外贸结算货币，使我国被动地大量积累美元。通过推进人民币国际化步伐，增加人民币在国际贸易中结算比例，可以减少人民币汇率升值压力与通货膨胀压力。

第四节 加强货币政策的国际协调与合作

我国经济对外开放度越来越高，货币政策的传导与作用机制不仅受国内因素影响，也受国际因素影响。因此，加强国际货币政策协调，促进世界经济的和谐发展至关重要。在经济金融化、金融全球化的当今世界，任何一国的货币政策都会受到他国经济政策的影响。在维护我国货币政策独立性的前提下最大化实现货币政策的有效性，关键是要处理好我国货币政策与别国货币政策的关系，也就是要利用国际协调来解决这个矛盾。

开放经济状态下我国通货膨胀总的趋势是：首先，随着我国对外依存度越来越高，受国际通货膨胀的影响也越来越大；其次，我国为保持出口竞争力，在双顺差背景下维持汇率不变，丧失了货币政策的独立性，同时，实施强制结汇，增加了政策成本，也为通货膨胀向国内传导提供了渠道；最后，随着我国在世界经济中的地位逐渐提高，应在国际经济组织中发挥更大的作用，加强国际经济问题协调。

只有推动各国政府合作才能从根本上解决中国通货膨胀问题。仅有30多年历史的浮动汇率制是有缺陷的汇率制度，特别是当作为国际基准货币的国家内部的货币政策与全球经济环境应采取的货币政策有冲突的时候，基准货币国家的货币当局往往采取国内货币政策优先的政策取向，而不顾全球的宏观环境。本轮全球通货膨胀的根本原因在于美国宽松的货币政策挽救了美国经济，却使得大宗商品价格高涨，资金的泛滥使得商品市场投机盛行，商品的金融需求猛增是本轮商品价格猛涨的主要原因。而全球化使得主要的制造业迁离美国，迁入新兴经济体，当这些经济体的货币因为要抵抗国际原材料的美元价格上升而升值时，其出口商品价格由于激烈的竞争和需求的下降却不能得到相应的提高，制造业国家本币升值使得国内经济收缩的效果最终却降低了发达国家的通货膨胀水平。这也是为什么以制造业出口为导向的国家目前忍受着高通货膨胀而发达经济体的通货膨胀水平明显不高的主要原因之一。因此，在目前的国际分工和国际货币体制下，只有基准货币国家与制造业国家合作才能从根本上解决全球通货膨胀的问题。实际上，历史上曾发生多次多国货币当局联手调控汇率的情况，1987年卢浮宫协议就是多国政府共同制止美元继续下跌的范本。目前美国国内的经济状况尚不能支持美联储持续加息，利率政策并不支持美元在近期走强。因此，美元的汇率政策将成为影响全球通货膨胀的关键。而美元的走强将对美国国内经济产生负面影响，美国自身并无动力自行调高美元汇率。因此，各国政府达成协议共同干预汇率才能有效打击商品市场的投机气氛。

第五节　合理引导通货膨胀预期

建议政府合理引导通货膨胀预期，促进货币需求与消费行为的分散化。降低消费者与投资者对商品价格与资产价格持续上涨的预期，避免因通货膨胀预期而造成通货膨胀的自我实现。

预期对市场参与者的行为影响是非常直接的。在资产市场上，投资者一旦形成一致性预期，就会导致资产价格的单边运动。在开放经济状态下，市场参与者对商品或者资产价格的预期将引导价格波动的方向与幅度。我国在治理本轮通货膨胀过程中，除治理方法单一，忽略了我国对外开放度越来越高、国际因素对我国通货膨胀影响越来越大的事实外，没有有效引导投资者预期，既导致2005年7月人民币汇率改革以来就形成了汇率单边升值的预期，也导致了人民币汇率升值的自我实现。

因此，政府在治理通货膨胀时，应注重管理通货膨胀预期，考虑治理政策的滞后性，应在通货膨胀加速前，果断采取措施进行紧缩，加强有效供给，消除不断加强的通货膨胀预期。

附　表

附表 1　国内企业商品价格指数（2001—2009 年）

年月	总指数	农产品	矿产品	煤油电	加工业产品
2001.01	100.42	98.62	101.72	109.77	99.89
2001.02	99.96	98.20	101.02	107.74	99.60
2001.03	100.22	99.92	100.40	106.16	99.60
2001.04	100.45	101.86	100.16	105.65	99.32
2001.05	100.23	102.10	100.29	105.63	98.90
2001.06	99.93	102.47	100.22	103.24	98.63
2001.07	99.58	103.42	99.69	98.54	98.38
2001.08	99.12	103.31	100.07	94.89	98.18
2001.09	98.87	102.72	100.32	93.95	98.12
2001.10	98.50	101.55	100.97	93.30	98.03
2001.11	98.00	100.51	101.44	91.70	97.86
2001.12	97.47	99.69	101.78	91.26	97.39
2002.01	96.95	98.23	101.15	91.92	97.05
2002.02	97.31	99.61	101.50	93.39	96.92
2002.03	96.64	96.69	101.70	93.91	96.84
2002.04	96.64	95.61	102.66	95.76	96.95
2002.05	97.17	96.63	102.63	99.21	96.98

续表

年月	总指数	农产品	矿产品	煤油电	加工业产品
2002.06	97.60	97.55	102.35	99.78	97.24
2002.07	97.34	96.17	102.80	100.31	97.26
2002.08	97.57	95.58	102.61	102.73	97.53
2002.09	97.92	96.27	102.68	103.90	97.66
2002.10	98.26	96.70	101.78	105.58	97.84
2002.11	98.87	97.33	101.50	107.95	98.25
2002.12	99.47	97.63	101.78	109.85	98.83
2003.01	100.59	99.29	102.08	113.65	99.48
2003.02	101.01	97.72	102.55	115.78	100.39
2003.03	101.74	99.93	103.20	115.31	100.72
2003.04	101.59	100.33	103.09	113.02	100.63
2003.05	100.97	99.42	103.48	108.14	100.58
2003.06	100.83	99.39	103.88	106.55	100.54
2003.07	101.49	101.12	103.81	106.70	100.91
2003.08	101.91	102.38	103.43	106.38	101.17
2003.09	102.17	103.52	104.21	106.22	101.14
2003.10	103.67	106.88	105.65	104.17	102.46
2003.11	105.47	109.88	108.51	104.42	104.03
2003.12	106.31	110.54	109.33	106.67	104.73
2004.01	106.76	110.49	109.04	106.36	105.45
2004.02	107.01	111.11	113.52	104.26	105.78
2004.03	108.34	114.42	115.33	104.53	106.59
2004.04	109.26	117.00	116.83	107.04	106.78
2004.05	109.44	118.35	116.57	110.22	106.22
2004.06	109.28	117.37	114.50	113.02	106.01
2004.07	109.35	116.88	115.00	113.83	106.16
2004.08	109.48	116.13	115.86	115.13	106.42
2004.09	109.62	114.98	117.44	117.27	106.72
2004.10	108.17	111.48	117.08	118.38	105.61
2004.11	106.33	107.53	114.66	119.75	104.12
2004.12	105.33	106.24	114.49	117.97	103.30

续表

年月	总指数	农产品	矿产品	煤油电	加工业产品
2005.01	104.67	106.22	115.83	115.83	102.54
2005.02	104.82	107.92	111.23	118.83	101.99
2005.03	103.48	103.68	110.28	119.47	101.40
2005.04	102.81	101.45	109.44	120.57	101.07
2005.05	103.16	100.88	110.27	122.53	101.57
2005.06	103.01	100.30	111.59	122.82	101.49
2005.07	102.72	100.23	110.98	123.57	101.03
2005.08	102.13	99.59	110.84	123.23	100.42
2005.09	101.43	98.83	109.18	121.32	99.88
2005.10	100.93	98.32	106.42	120.77	99.44
2005.11	100.71	99.06	104.86	118.05	99.20
2005.12	100.76	100.01	105.63	115.67	99.19
2006.01	101.10	101.30	105.60	116.00	99.20
2006.02	100.70	100.00	109.00	114.90	99.10
2006.03	100.80	101.00	107.90	114.60	98.90
2006.04	101.00	101.20	107.60	111.80	99.50
2006.05	101.50	100.80	108.90	110.70	100.50
2006.06	102.30	102.70	110.60	110.10	101.00
2006.07	102.50	103.00	112.10	110.40	101.10
2006.08	102.90	104.20	112.80	110.30	101.40
2006.09	103.60	105.60	113.60	109.80	101.90
2006.10	103.80	106.30	116.00	107.00	102.30
2006.11	104.10	107.20	117.40	105.40	102.70
2006.12	105.10	110.30	115.20	106.10	103.00
2007.01	104.60	107.80	114.60	107.00	103.00
2007.02	104.50	108.60	111.10	104.20	103.00
2007.03	104.20	107.80	110.90	103.20	103.00
2007.04	104.60	109.10	112.60	103.30	103.10
2007.05	105.10	111.30	115.30	103.30	103.00
2007.06	105.40	112.70	115.40	102.40	103.10
2007.07	106.10	115.10	115.00	100.80	103.60

续表

年月	总指数	农产品	矿产品	煤油电	加工业产品
2007.08	106.50	115.70	115.00	101.00	104.00
2007.09	106.20	113.60	115.40	101.00	104.20
2007.10	106.50	113.10	115.90	103.30	104.40
2007.11	107.40	114.10	116.50	109.00	104.80
2007.12	107.60	111.30	117.30	111.90	105.60
2008.01	108.40	112.80	119.60	112.50	106.10
2008.02	109.20	113.40	120.70	114.10	106.90
2008.03	110.20	114.10	123.50	115.30	107.90
2008.04	110.30	113.90	122.10	117.20	108.00
2008.05	109.60	111.60	117.60	116.90	107.90
2008.06	109.50	109.10	116.70	121.20	108.00
2008.07	109.40	106.80	118.30	126.70	108.00
2008.08	108.20	104.70	115.50	126.80	107.00
2008.09	107.00	105.00	112.30	124.20	105.60
2008.10	104.00	104.30	103.80	119.10	102.20
2008.11	99.60	100.20	93.60	107.80	98.60
2008.12	96.90	98.60	89.20	96.20	96.70
2009.01	95.80	98.00	88.00	90.60	96.00
2009.02	94.00	94.40	87.40	88.30	94.80
2009.03	93.40	96.50	85.00	88.10	93.40
2009.04	92.90	96.10	86.00	87.40	92.70
2009.05	92.40	95.80	85.10	87.10	92.10
2009.06	92.00	95.50	85.20	85.70	91.80
2009.07	92.00	96.30	84.20	85.00	91.70
2009.08	92.90	97.30	87.30	83.90	92.70
2009.09	94.10	100.00	89.20	87.20	93.20

说明：以上年同月为100，以往同期 = 100。

资料来源：中国人民银行网站。

附表 2　商品价格指数（2002—2008 年）

年月	居民消费价格指数	房屋销售价格指数	土地交易价格指数	商品零售价格指数	原材料、燃料、动力购进价格指数	工业品出厂价格指数
	当期值（%）	当季值（%）	当季值（%）	当期值（%）	当期值（%）	当期值（%）
2002.01	99.00	—	—	98.00	95.20	95.81
2002.02	100.00	—	—	98.90	95.36	95.80
2002.03	99.20	104.30	107.90	98.20	95.31	96.02
2002.04	98.70	—	—	97.90	96.21	96.94
2002.05	98.90	—	—	98.20	97.15	97.37
2002.06	99.20	102.80	105.40	99.20	97.19	97.52
2002.07	99.10	—	—	98.90	97.51	97.66
2002.08	99.30	—	—	98.90	98.04	98.27
2002.09	99.30	104.00	106.30	99.00	98.84	98.62
2002.10	99.20	—	—	98.80	99.44	98.97
2002.11	99.30	—	—	99.10	100.53	99.59
2002.12	99.60	103.50	107.80	99.70	101.34	100.41
2003.01	100.39	—	—	99.40	103.16	102.38
2003.02	100.20	—	—	99.70	104.78	103.97
2003.03	100.92	104.80	108.50	100.15	105.83	104.60
2003.04	101.04	—	—	100.08	105.93	103.62
2003.05	100.66	—	—	99.39	104.36	101.96
2003.06	100.34	105.00	107.10	98.71	103.88	101.34
2003.07	100.52	—	—	98.82	104.04	101.39
2003.08	100.91	—	—	99.26	104.00	101.38
2003.09	101.11	104.10	108.80	99.65	104.13	101.37
2003.10	101.81	—	—	100.31	104.60	101.20
2003.11	102.95	—	—	101.45	105.85	101.92
2003.12	103.19	105.10	108.90	101.91	107.05	102.99
2004.01	103.17	—	—	101.70	107.44	103.47
2004.02	102.09	—	—	100.88	108.14	103.54
2004.03	103.04	107.70	107.50	101.70	109.45	103.99
2004.04	103.80	—	—	102.58	110.49	105.01
2004.05	104.37	—	—	103.30	111.23	105.70
2004.06	104.97	110.40	109.50	104.12	111.82	106.40

续表

年月	居民消费价格指数	房屋销售价格指数	土地交易价格指数	商品零售价格指数	原材料、燃料、动力购进价格指数	工业品出厂价格指数
	当期值（%）	当季值（%）	当季值（%）	当期值（%）	当期值（%）	当期值（%）
2004.07	105.27	—	—	104.42	111.97	106.38
2004.08	105.25	—	—	104.39	112.86	106.81
2004.09	105.19	109.90	110.20	104.25	113.67	107.90
2004.10	104.27	—	—	103.39	114.24	108.43
2004.11	102.85	—	—	101.92	113.66	108.10
2004.12	102.42	110.80	110.00	101.25	112.03	107.07
2005.01	101.91	—	—	100.93	110.74	105.81
2005.02	103.95	—	—	102.42	109.76	105.38
2005.03	102.69	109.80	107.80	101.41	109.70	105.64
2005.04	101.83	—	—	100.61	109.85	105.78
2005.05	101.76	—	—	100.56	109.99	105.90
2005.06	101.60	108.00	110.70	100.46	109.03	105.24
2005.07	101.80	—	—	100.77	108.46	105.19
2005.08	101.26	—	—	100.30	108.08	105.26
2005.09	100.88	106.10	109.80	100.04	107.10	104.50
2005.10	101.22	—	—	100.36	106.46	104.01
2005.11	101.31	—	—	100.55	105.37	103.21
2005.12	101.56	106.50	107.90	100.92	104.95	103.22
2006.01	101.89	105.50	—	101.01	106.41	103.05
2006.02	100.86	105.50	—	100.42	106.82	103.01
2006.03	100.80	105.47	105.70	100.22	106.18	102.49
2006.04	101.21	105.60	—	100.65	104.88	101.87
2006.05	101.38	105.80	—	100.97	105.46	102.43
2006.06	101.51	105.73	106.40	101.33	106.57	103.52
2006.07	101.03	105.70	—	100.71	106.65	103.58
2006.08	101.32	105.50	—	100.90	106.74	103.40
2006.09	101.51	105.50	104.90	101.20	106.87	103.45

续表

年月	居民消费价格指数	房屋销售价格指数	土地交易价格指数	商品零售价格指数	原材料、燃料、动力购进价格指数	工业品出厂价格指数
	当期值（%）	当季值（%）	当季值（%）	当期值（%）	当期值（%）	当期值（%）
2006.10	101.41	105.40	—	101.07	105.55	102.90
2006.11	101.88	105.20	—	101.51	104.83	102.78
2006.12	102.81	105.30	106.10	102.37	104.90	103.05
2007.01	102.17	105.60	—	101.84	104.70	103.30
2007.02	102.71	105.30	—	101.94	103.99	102.60
2007.03	103.28	105.60	109.80	102.54	103.70	102.65
2007.04	103.03	105.40	—	102.23	103.70	102.87
2007.05	103.39	106.40	—	102.43	103.60	102.76
2007.06	104.36	106.30	113.50	103.17	103.39	102.49
2007.07	105.62	107.50	—	104.38	103.57	102.39
2007.08	106.52	108.20	—	105.20	103.82	102.56
2007.09	106.24	108.20	115.00	104.90	103.60	102.71
2007.10	106.50	109.50	—	105.27	104.54	103.21
2007.11	106.94	110.50	—	106.00	106.30	104.55
2007.12	106.51	110.20	110.70	105.64	108.06	105.43
2008.01	107.08	111.31	—	106.19	108.87	106.07
2008.02	108.74	110.91	—	108.09	109.67	106.62
2008.03	108.31	110.97	116.49	107.82	110.99	107.95
2008.04	108.48	110.07	—	108.08	111.82	108.12
2008.05	107.72	109.20	—	107.54	111.86	108.22
2008.06	107.08	109.16	110.76	107.12	113.48	108.84
2008.07	106.30	107.00	—	106.77	115.39	110.03
2008.08	104.90	105.33	—	105.52	115.34	110.06
2008.09	104.64	105.26	106.91	105.30	113.96	109.13
2008.10	103.97	101.57	—	104.57	111.04	106.59
2008.11	102.43	100.25	—	102.70	104.70	101.99
2008.12	101.20	100.48	103.56	101.44	98.73	98.86

资料来源：中国人民银行网站。

附表 3　各类价格指数年度数据（1978—2008 年）

年份	居民消费价格指数	城市居民消费价格指数	农村居民消费价格指数	商品零售价格指数	工业品出厂价格指数	原材料、燃料、动力购进价格指数	固定资产投资价格指数
1978	100.7	100.7	—	100.7	100.1	—	—
1980	107.5	107.5	—	106.0	100.5	—	—
1985	109.3	111.9	107.6	108.8	108.7	—	—
1990	103.1	101.3	104.5	102.1	104.1	105.6	—
1991	103.4	105.1	102.3	102.9	106.2	109.1	109.5
1992	106.4	108.6	104.7	105.4	106.8	111.0	115.3
1993	114.7	116.1	113.7	113.2	124.0	135.1	126.6
1994	124.1	125.0	123.4	121.7	119.5	118.2	110.4
1995	117.1	116.8	117.5	114.8	114.9	115.3	105.9
1996	108.3	108.8	107.9	106.1	102.9	103.9	104.0
1997	102.8	103.1	102.5	100.8	99.7	101.3	101.7
1998	99.2	99.4	99.0	97.4	95.9	95.8	99.8
1999	98.6	98.7	98.5	97.0	97.6	96.7	99.6
2000	100.4	100.8	99.9	98.5	102.8	105.1	101.1
2001	100.7	100.7	100.8	99.2	98.7	99.8	100.4
2002	99.2	99.0	99.6	98.7	97.8	97.7	100.2
2003	101.2	100.9	101.6	99.9	102.3	104.8	102.2
2004	103.9	103.3	104.8	102.8	106.1	111.4	105.6
2005	101.8	101.6	102.2	100.8	104.9	108.3	101.6
2006	101.5	101.5	101.5	101.0	103.0	106.0	101.5
2007	104.8	104.5	105.4	103.8	103.1	104.4	103.9
2008	105.9	105.6	106.5	105.9	106.9	110.5	108.9

说明：上年度为 100。

资料来源：《中国统计年鉴 2009》。

参考文献

一、中文文献

[1] 邓翔 . 中国经济增长率和生产率的重估与比较——评阿尔文・扬对中国经济的增长预算［J］. 管理世界，2001（4）

[2] 邓翔，李建平 . 中国地区经济增长的动力分析［J］. 管理世界，2004（11）

[3] 谢平，俞乔 . 中国市场经济化过程中的货币总量控制［J］. 金融研究，1996（1~2）

[4]［美］迈克尔•梅尔文 . 国际货币与金融［M］. 张志超，等译 . 上海：华东师范大学出版社，1990（6）

[5] 余珊萍，钟伟 . 对东南亚金融危机的反思［J］. 国际金融研究，1998（8）

[6] 饶余庆 . 现代货币银行学［M］. 北京：中国社会科学出版社，1983

[7] 余珊萍，钟伟 . 论冲销操作和外汇体制改革［J］. 经济科学，1997（6）

[8] 李拉亚 . 通货膨胀与不确定性［M］. 北京：中国人民大学出版社，1995

[9] 张维迎 . 博弈论与信息经济学［M］. 上海：上海人民出版社，上海三联书店，1996

[10] 李晓西，余明 . 货币政策传导机制与国民经济活力［J］. 金融研究，2000（7）

[11] 周颖刚，赵红岩 . 西方国家金融创新对货币政策传导机制的影响［J］. 新疆财经，1998（2）

[12] 巴曙松 . 通过股市上扬促进经济增长：幻象与远景［J］. 当代财经，2002（1）

[13] 姜波克 . 人民币自由兑换和资本管制［M］. 上海：复旦大学出版社，1999

[14] 姜波克，陆前进，编著 . 汇率理论和政策研究［M］. 上海：复旦大学出版社，2000

［15］［美］罗纳德·麦金农．经济市场化的次序——向市场经济过渡时期的金融控制［M］．周庭煜，等，译．上海：上海人民出版社，上海三联书店，1997
［16］刘湓，仪垂林．实际利率与实际汇率相互影响的理论模型及其实证分析［J］．统计与决策，2006（3）
［17］罗忠洲，李宁．日元实际汇率与长期实际利率的实证分析：1971—2002［J］．金融研究，2006（1）
［18］郭春松，王晓．汇率超调模型与人民币汇率制度选择［J］．山东财政学院学报，2005（1）
［19］刘湓，张力美．金融开放条件下利率和汇率的相互影响及其协调［J］．国际金融研究，2003（1）
［20］汪小亚．我国资本账户开放与利率—汇率政策的协调［J］．金融研究，2001（1）
［21］戴根有．我国的外汇储备与通货膨胀［J］．战略与管理，1995（5）
［22］闫先东，冯克然．通货膨胀——国际收支角度的考察［J］．财贸经济，1997 （4）
［23］谢平，张晓朴．货币政策与汇率政策的三次冲突：1994 — 2000 年中国的实证分析［J］．国际经济评论，2002（Z3）
［24］邓翔，主编．计量经济学［M］．成都：四川大学出版社，2002
［25］刘荣茂，黎开颜．我国外汇储备对通货膨胀影响的实证分析［J］．中国农业大学学报（社会科学版），2005（1）
［26］封建强，袁林．我国外汇储备增长与物价波动研究［J］．经济科学，2000，（6）
［27］姜波克，杨长江，编著．国际金融学［M］．北京：高等教育出版社，1999
［28］缥缈．中国面临“输入型通货膨胀”［J］．商务周刊，2007（15）
［29］王海涛，唐任伍．制定合理政策组合抑制输入型通货膨胀［J］．北京市计划劳动管理干部学院学报，2005（13）
［30］张哲人，赵鹏，周梅．对输入型通货膨胀压力问题的初步探讨［J］．中国经贸导刊，2007（18）
［31］郑军．我国发生输入型通货膨胀的风险及对策［J］．商业时代，2006（2）
［32］邓婷，吴丽．关于我国输入型通货膨胀治理的探讨［J］．当代经理人，2006（21）
［33］杨政文．解读原材料涨价与输入型通货膨胀——访中国宏观经济学会常务副秘书长王建［J］．中国科技财富，2005（5）
［34］高铁梅，刘玉红，王金明．中国转轨时期物价波动的实证分析［J］．中国社会科学，2003（6）
［35］吕江林．我国通货紧缩的政策成因［J］．经济研究，2001（3）

[36] 刘伟，李绍荣，李笋雨．货币扩张、经济增长与资本市场制度创新［J］．经济研究，2002（1）
[37] 石今．弗里德曼教授谈通货膨胀问题［J］．世界经济，1980（12）
[38]［美］保罗·A. 萨缪尔森，威廉·D. 诺德豪斯．经济学（第12版）［M］．高鸿业，等译．北京：中国发展出版社，1992
[39]［奥］赫尔穆特·弗里希．通货膨胀理论［M］．费方域，译．北京：商务印书馆，1992
[40]［美］米尔顿·弗里德曼．米尔顿·弗里德曼论通货膨胀［M］．杨培新，译．北京：中国社会科学出版社，1982
[41]［美］米尔顿·弗里德曼，罗斯·弗里德曼．自由选择［M］．胡骑，等译．北京：商务印书馆，1982
[42] 柳永明．通货膨胀目标制的理论与实践：十年回顾［J］．世界经济，2002（1）
[43] 刘金全，谢卫东．中国经济增长与通货膨胀的动态相关性［J］．世界经济，2003（6）
[44] 刘文翠，周燕．国际收支“双顺差”的经济学思考［J］．新疆金融，2004（8）
[45] 刘柏．我国国际收支对货币政策独立性的冲击［J］．财经问题研究，2005（9）
[46] 李海海，曹阳．外汇占款的通货膨胀效应——基于1998—2005年的实证分析［J］．中央财经大学学报，2006（11）
[47] 肖斌．我国国际收支持续大量“双顺差”的对策研究［J］．山东社会科学，2006（6）
[48] 萧松华．当代货币理论与政策［M］．成都：西南财经大学出版社，2001
[49] 范从来．通货紧缩国际传导机制研究［M］．北京：人民出版社，2003
[50] 彭兴韵．国际收支与货币供给［J］．金融研究，1997（3）
[51] 经济增长前沿课题组．国际资本流动、经济扭曲与宏观稳定——当前经济增长态势分析［J］．经济研究，2005（4）
[52] 刘柏．我国国际收支对货币政策独立性的冲击［J］．财经问题研究，2005（9）
[53] 范志勇，向弟海．汇率和国际市场价格冲击对国内价格波动的影响［J］．金融研究，2006（2）
[54] 方先明，裴平，张谊浩．外汇储备增加的通货膨胀效应和货币冲销政策的有效性——基于中国统计数据的实证检验［J］．金融研究，2006（7）
[55] 陈全功，程蹊．我国对外贸易影响国内通货膨胀水平的路径分析［J］．国际金融研究，2004（2）
[56] 厉以宁，秦宛顺，主编．中国对外经济与国际收支［M］．北京：国际文化出版公司，1999

[57] 戴祖祥. 我国贸易收支的弹性分析：1981—1995 [J]. 经济研究，1997 (7)

[58] 陈平，熊欣. 进口国汇率波动影响中国出口的实证分析 [J]. 国际金融研究，2002 (6)

[59] 谢建国，陈漓高. 人民币汇率与贸易收支：协整研究与冲击分解 [J]. 世界经济，2002 (9)

[60] 王自力. 我国通货膨胀的特征与趋势 [J]. 中国金融，2008 (6)

[61] 殷姿，任兆璋. 我国现阶段通货膨胀解读 [J]. 价格月刊，2008 (4)

[62] 陈彦斌. 中国当前通货膨胀形成原因经验研究：2003—2007 年 [J]. 经济理论与经济管理，2008 (2)

[63] 谷继建，张国魁. 通货膨胀现状及其对投资影响探究 [J]. 特区经济，2008 (1)

[64] 陈佳贵，主编. 中国经济前景分析——2008 年春季报告[M]. 北京：社会科学文献出版社，2008

[65] 哈继铭. 治理通货膨胀要防更要扛——美国经济下滑背景下的中国对策 [J]. 中国金融，2008 (9)

[66] 赵雪芳. 成本推进型通货膨胀及其治理——访国务院发展研究中心副主任刘世锦 [J]. 中国金融，2008 (6)

[67] 徐连仲. 警惕投资、消费双膨胀引发的通货膨胀 [J]. 中国经贸导刊，2008 (3)

[68] 黄泽民. 如何抑制通货膨胀 [J]. 沪港经济，2008 (1)

[69] 王美丽. 通货膨胀压力与宏观经济策略选择 [J]. 华北金融，2008 (3)

[70] 张晓晶. 通货膨胀形势、潜在增长率与宏观调控的挑战 [J]. 经济学动态，2008 (1)

[71] 杨涛. 当前通货膨胀下的宏观政策选择 [J]. 南京审计学院学报，2008 (1)

[72] 陈岱孙，厉以宁，主编. 国际金融学说史 [M]. 北京：中国金融出版社，1991

二、英文文献

[1] Alchian A，Klein B. On a Correct Measure of Inflation [J]. *Journal of Money*，*Credit*，*and Banking*，1973 (5): 173-191

[2] Bernanke B，Gentler. Monetary Policy and Asset Market Volatility. Federal Reserve Bank of Kansas City [J]. *Economic Review*，1999，84 (17): 3-52

[3] Bond S，Cummins J. Noisy Share Prices and the Q Model of Investment [D]. *Working paper*，*New York University*，2000

[4] Goodhart C B Hoffman. Do Asset Prices Help to Predict Consumer Price Inflation [Z].

unpublished manuscript, 2000

[5] Blanchard O, Rhee C, Summers L. The Stock Market, Product, and Investment [J]. *Quarterly Journal of Economics*, 1993 (108): 115–136

[6] Bordo M D, O Jeanne. Monetary Policy and Asset Price: Does "Benign Neglect" Make Sense? [R]. *IMF working paper*, WP /02 /225, 2002

[7] Cecchetti, Stephen, Hans Genberg, John Lip sky, et al. Asset Prices and Central Bank Policy [R]. *Geneva Report on the World Economy*, CEPR and ICMB, 2000

[8] Filardo A. Monetary Policy and Asset Prices. Federal Reserve Bank of Kansas City [J]. *Economic Review*, 2000: 85–89

[9] Woodford M. Nonstandard Indicators for Monetary Policy: Can Their Usefulness be Judged From Forecasting Regressions? In: Gregory Mankiw, N. (Ed.) [M]. *Monetary Policy*, Chicago: University of Chicago Press, 1994

[10] Poterba J. Stock Market Wealth and Consumption [J]. *Journal of Economic Perspectives*, 2000: 99–118

[11] Cogley T. Should the Fed Take Deliberate Steps to Delete Asset Price Bubbles? Federal Reserve Bank of San Francisco [J]. *Economic Review*, 1999 (1): 42–52

[12] Simon Gilchrist, John V Leahy. Monetary Policy and Asset Prices [J]. *Journal of Monetary Economics*, 2002 (49): 75–97

[13] Kent C, Lowe P. Asset Price Bubbles and Monetary Policy [R]. *Reserve Bank of Australia Research Discussion*, 1997

[14] Kiyotaki N, J Moore. Credit Cycles [J]. *Journal of Political Economy*, 1997 (105): 211–248

[15] King M.Credibility and Monetary Policy: Theory and Evidence [J]. *Bank of England Quarterly Bulletin*, 1995, 35 (1): 84–91

[16] Smets, F.Financial Asset Prices and Monetary Policy: Theory and Evidence, in P. Lowe ed.,Monetary Policy and Inflation Targeting,Proceedings of a Conference [J]. *BIS Working paper*, NO.47, 1997

[17] Svensson L. Estimating Forward Interest Rates with the Extended Nelson and Siegel Method [J]. *Series Riksbank Quarterly Review*, 1995 (95): 13–26

[18] Dornbusch, Rudiger. Expectations and Exchange Rate Dynamics [J]. *Journal of*

Political Economy, 1976: 1161–1176

[19] Obstfeld K, Rogoff. *Foundations of International Macroeconomics* [M]. Cambridge: MIT Press, 1996

[20] Dornbusch, Rudiger. Exchange Rate Expectations and Monetary Policy [J]. *Journal of International Economics*, 1976 (16): 231–244

[21] Macdonald R, Jun Nagayasu. The Long Run Relationship between Real Exchange Rate and Real Interest Rate Differentials: A Panel Study [D]. *IMF Working Paper* WP /99 /37, 1999

[22] Rogoff, Kenneth, Dornbusch. Overshooting Model After Twenty – Five Years [D]. *IMF Working Papers*, *2nd Annual Research Conference Mendel – Fleming Lecture*, 2002

[23] Xie Ping, Zhang Xiaopu. The Coordination between Monetary Policy and Exchange Rate Policy in An Open Economy in Transition: A Case Study on China from 1994 to 2000 [J]. *Journal of Asian Economics*, 2003 (14): 327 –336

[24] Crowder W J.The Long Link Between Money Growth and Inflation [J]. *Economic Inquiry*, 1998 (36): 229–243

[25] Engel R.Autoregressive Conditional Heteroscedasticity with Estimates of the Variance of United Kingdom Inflations [J]. *Econometrical*, 1982 (50): 987–1007

[26] Engle R, Granger C.Co–integration and Error Correction: Representation, Estimation and Testing [J]. *Econometrical*, 1987 (55): 251–276

[27] Karras, Georgios.Openness and the Effects of Monetary Policy [J]. *Journal of International Money and Finance*, 1999 (18): 13–26

[28] Kim, Minkyong, Beladi, et al.Is Free Trade Deflationary? [J] *Economics Letters*, 2005 (89): 343–349

[29] Romer, David.Openness and Inflation: Theory and Evidence [J]. *Quarterly Journal of Economics*, 1993 (108): 869–903

[30] Okun A.The Mirage of Steady Inflation [C]. *Brookings Papers on Economic Activity*, 1971: 485–498

[31] Friedman M. Nobel Lecture: Inflation and Unemployment [J] .*Journal of Political Economy*, 1977 (85): 451–472

[32] Ball L.Why Does High Inflation Raise Inflation Uncertainty [J]. *Journal of Monetary Economics*, 1992 (29): 371–388

[33] Holland S.Uncertain Effects of Money and the Link Between the Inflation Rate and Inflation Uncertainty [J]. *Economic Inquiry January*, 1993 (31): 39–51

[34] Cukierman A, Meltzer A.A Theory of Ambiguity, Credibility, and Inflation Under Discretion and Asymmetric Information [J]. *Econometrics*, 1986 (54): 1099–1128

[35] Cukierman A. *Central Bank Strategy, Credibility, and Independence* [M]. Cambridge: MIT Press, 1992

[36] Foster, Edward. The Variability of Inflation [J]. *Review of Economics and Statistics*, 1978 (60): 346–350

[37] Pagan A R, A D Hall, P K Trivedi.Assessing the Variability of Inflation [J]. *Review of Economic Studies*, 1983 (50): 585–596

索　　引

（词条后页码为该词在正文中首次出现的页码）

汇率政策　57
货币政策　7
开放经济　1
贸易逆差　2
人民币国际化　132
通货膨胀　1
预期　1
治理　7

后　记

通货膨胀既是一个有趣的问题，又是一个驾驭难度非常大的学术问题。与之相关的文献汗牛充栋，涉身其中的大家不乏其人。但在通货膨胀理论相关研究中取得卓越成就的寥寥无几。正因如此，研究通货膨胀通常被视为艰难的学术苦差，不少人退避三舍。

笔者作为后学，毅然选择了《开放经济下中国通货膨胀研究》这个题目，将理论研究与实证研究结合起来，对开放经济下中国通货膨胀的成因、传导机制与影响进行探索性研究，以期为政府部门有效管理通货膨胀提供借鉴与启示。

对我国而言，开放经济状态下的通货膨胀属于一个新课题。在加入世界贸易组织，进而发展为世界工厂后，我国对全球的能源、矿产、原材料等需求巨大，导致进口物价对国内物价的冲击与影响加大。然而，以往国内的研究者对国内因素造成的通货膨胀研究较多，对开放经济下的通货膨胀研究较少。

基于上述考虑，笔者查阅了大量改革开放以来我国通货膨胀的相关数据资料，将国际经济学与宏观经济学两大学科结合起来，建立了基于总需求的开放经济下的通货膨胀分析框架，探索物价直接冲击、汇率传导、总需求传导等机制对国内物价的影响，通过建立实证模型对开放经济下的通货膨胀进行定量的测定，并就这一问题进行探索性研究。

尽管我国经济发展已经进入新常态，当前阶段已呈现通货紧缩的特征，但笔者相信本书对中国的通货膨胀研究仍然有借鉴意义。毕竟，在未来很长的一个阶段内，中国作为全球第二大经济体，世界制造大国的地位还很难被替代。根据经济周期理论，一旦全球经济进入复苏阶段，未来我国引发开放下的通货膨胀的条件与机制依然存在，通货膨胀仍有卷土重来的可能。因此，本书既可作为过去的总结，也是对未来通货膨胀研究的抛砖引玉。

本书的出版得到大连市人民政府的资助，在此表示感谢。

由于时间仓促，笔者水平有限，本书难免存在疏漏，欢迎读者批评指正，以便在今后研究中加以完善。

陈菁泉于大连

2016 年 7 月